KB236141

디오게네스

'거지 철학자' 로 널리 알려진 디오게네스. 가짜 돈을 만들었다는 죄목으로 고향인 시노페에서 쫓겨난 그는 아테네로 가서 안티스테네스의 제자가 되었다. 추방당한 자신을 비난하는 사람들에게 이렇게 대꾸했다고 한다. "어리석은 자들이여, 바로 그 덕택에 나는 철학을 할 수 있었다오!" 위 그림은, 일광욕을 하고 있는 디오게네스에게 알렉산드로스 대왕이 찾아와 소원을 물었는데 다른 것은 필요없으니 햇빛이나 가리지 말라고 했다는 유명한 일화를 표현하고 있다.

에페소스의 소크라테스 벽화. 소크라테스의 아내 크산티페가 진정 악처였다고 확언할 수 있는 근거는 전혀 없다. 소크라테스는 언제나 길거리나 김나지움에서 부잣집 자제들과 귀족 한량들을 상대로 난해한 주제를 놓고 토론을 벌이는 것으로 시간을 보냈다. 한심한 남편으로부터 크산티페가 기대할 수 있는 것은 거의 없었다. 애정도, 돈도 모두 절망적이었다. 평생 장황한 토론만을 일삼던 그는 죽게 되어 있던 그날 저녁마저도 아내와 그녀의 팔에 안긴 어린 아들을 포옹하는 대신 토론만 계속하였다.

피타고라스

피렌체 대성당의 종탑에 있는 루카 델라 로비아의 부조 작품. 피타고라스는 자신의 모습을 드러내는 일을 최대한 삼갔다. 그의 제자들은 5년 동안 단지 스승의 말씀을 경청할 수 있었을 뿐, 스승이 그럴 만한 가치가 있다고 판단하기 전까지는 그의 모습을 절대로 볼 수 없었다. 또 피타고라스 학파 무리는 잠자리에 들기 전에 필히 '의식 점검'을 행하였다. 그날 하루에 일어난 모든 일을 처음부터 끝까지 하나도 빼지 않고 일일이 주워섬기는 작업이었다. 이러한 훈련을 통해서 기억력을 강화한다는 취지였다.

플로티노스

3세기 로마에서 활동하던 플로티노스의 학원은 단 한 장의 커튼으로 길거리와 차단되어 있었다. 그저 헝겊 조각 하나로 가린 강의실이었다! 그는 강의를 하는 대신 그저 청중에게 질문을 하라고 요청했다. 엇물리는 대화들과 개인적인 토론들이 무질서하게 웅성거리는 수업이었다. 하지만 그는 이러한 무질서를 조절하고 진정시킬 수 있는 강력한 카리스마와 내적 힘을 지닌 철학자였다.

세네카

세네카의 제자 교육은 실패했으니, 제자는 바로 네로 황제였다. 네로는 세네카가 역모에 가담했다고 굳게 믿고는 그에게 자살하라는 명령을 내린다. 살아생전에 온갖 정치적 조작을 식은 죽 먹듯이 했던 이 엄청난 갑부 철학자는 마음먹은 대로 죽는 일에는 어지간히 애를 먹었다. 그는 성공적인 죽음, 훌륭한 철학자의 죽음, 그럴듯한 소품에, 대화까지 있는 죽음, 즉 소크라테스 식의 죽음을 원했지만 그의 연출은 실패로 돌아가고 말았으며, 마지막 남긴 명언마저도 분실되어 망각 속으로 묻혀버리고 말았다.

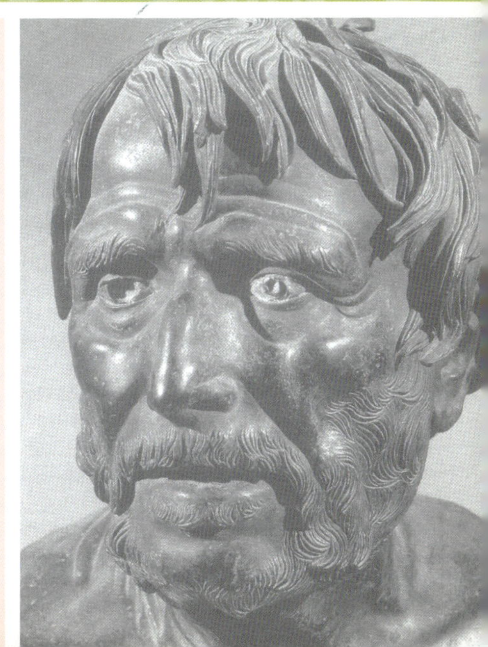

라파엘로의 「아테네 학당」

철학은 광채나는 눈을 한 연회객들이 각자의 생각을 토로하던 그리스의 향연에서 시작되었다. 그리스 철학의 모든 학파는 각기 하나의 장소와 연관되어 있는데 플라톤의 아카데메이아, 아리스토텔레스의 리케이온, 에피쿠로스 학파의 정원, 그리고 스토아 학파의 회랑 등이 그것이다. 집도 절도 없는 철학자들로 알려진 견유학파까지도 아테네의 언덕 키노사르게스, 즉 '개들의 김나지움'에 모이곤 했다. 그림 중앙 왼편으로 플라톤, 오른쪽의 아리스토텔레스, 팔을 괴고 있는 헤라클레이토스, 계단에 비스듬히 앉은 디오게네스 등이 그려져 있다.

성 아우구스티누스

성 아우구스티누스의 생애에는 두 명의 여인이 있었다. 그 중 하나가 어머니 모니카였다. 이 세기의 모자 커플은 역방향의 오이디푸스 콤플렉스의 일례를 보여준다. 세월이 흐르면서 어머니의 아들에 대한 애착은 점점 더 심해졌다. 모니카는 아들의 육신을 낳았다는 것만으로 만족할 수 없었다. 정신마저도 낳아야 한다는 강박관념으로 번민하며 괴로워했다. 결국 아들은 32세에 기독교로 개종하면서 또 하나의 어머니, 즉 성모의 품 안으로 도피한다. "기독교인들의 진정한 어머니"라고 그 자신이 명명한 교회는 그에게 진정 진실된 어머니, 영원한 엄마였다.

데카르트의 『제일철학에 관한 성찰』의 초판본 표지
데카르트는 대표적인 저서 『방법서설』, 『성찰록』 외에 자연과학에도 관심을 기울여 『우주론』, 『굴절광학』, 『기상학』 등의 책을 펴냈다.

크리스티나 여왕에게 철학을 가르치고 있는 데카르트

스웨덴 크리스티나 여왕의 초대라는 덫에 덜컥 걸려든 데카르트. 문인들을 탐식하는 식인거인 크리스티나 여왕은 새벽 5시에 그를 불러내서 철학수업을 요구하곤 했다. 어려서부터 허약해 항상 늦잠을 자는 버릇을 가지고 있던 데카르트는 과로에 시달리다가 그만 추위를 '먹어버렸다'. 추위를 먹은 그는 병상에 누운 지 11일 만에, 위대한 삶에 비해 너무도 초라한 죽음을 맞았다. 그의 사망 후, 모국 프랑스로 이송된 그의 두개골은 뼈와 함께 자연과학사 박물관 진열장에 비치되었다. 19세기에는 과학적인 측면에서 유골을 숭배하던 시대였기 때문이다.

루소

늘 자신의 가정을 "누추한 우리 살림"이라고 말했던 루소는 가난에 시달린 적이 결코 없었다. 그가 집을 가져보지 못한 것은 참으로 간단한 이유에서였다. 사람들이 그에게 집을 제공했기 때문이었다. 그것도 매우 호화로운 집들을. 그가 몽모랑시 숲속으로 잠적한 것은, 데피니 부인이 그를 위해 일부러 보수한 호사로운 빌라에서 생활하기 위해서였다. 그후 빌라에서 몇 킬로미터 떨어진 곳에 룩셈부르크 공작 내외가 제공한 샬레로 떠나면서, 그는 스스로 "유럽에서 가장 훌륭하고 가장 안락한 집에서 숙박하는 민간인"이라고 표현했다.

파스칼

철학자 파스칼은 수학자와 물리학자로도 유명하다. 즐기기 위함이 아닌 본격적인 연구자, 발명자로서 매달렸던 것이다. 소년시절에 아버지를 따라 파리로 온 그는 학교 교육을 받지 않고 독학으로 공부를 시작했고, 한때 사교계에 빠지기도 했지만 결국 수도원의 객원이 되었다. 간결하고 딱 부러지는 문체를 구사하는 파스칼은, 그의 사후 근친과 친우들이 원고를 정리해서 간행한 『팡세』를 우리에게 남겨주었다.

스피노자

형이상학을 다루기 전에 스피노자는 가업을 이어받아 과일과 야채를 다루었다. 유대교 교회당에서 파문을 당한 후 평생을 독신으로 지낸 그는, 세들어 살던 방에서 자신을 방문하는 몇몇 친구들을 맞이하거나 철학, 히브리어, 라틴어 등을 가르치거나 안경 렌즈를 닦으면서 살았다. 그는 어린 시절 최초로 받은 교육이었던 경영학(아버지의)을 결코 잊지 않았다. 그의 가장 중요한 저서라고 할 『윤리학』은 기하학적 방식, 즉 수학 논문식으로 기술된 저서로서, 모든 것이 증명되고 계산될 수 있는 회계학 서적처럼 엄밀하기 이를 데 없다.

렌즈를 닦아 생계를 꾸려나간 스피노자

라이프니츠

수학, 자연과학, 철학 등의 분야에서 그 이름이 영원히 빛나는 라이프니츠. 그런 그도 성격적으로는 이중적인 면을 드러냈다. 스피노자의 '악마적' 명성이 널리 퍼졌을 때, 라이프니츠는 지난날 그와의 만남이 세상에 알려지는 것을 피하기 위해 이중적인 태도를 보였다. 그의 이런 성격은 『리바이어던』의 저자인 영국 철학자 홉스에 대해서도 그대로 드러난다. 그는 홉스에게 대대적인 찬사를 담은 서신을 보냈지만, 다른 사람들과의 서신에서는 "괴물 같은" 『리바이어던』에 대해서 분개하는 글을 써보냈다.

홉스의 『리바이어던』 속표지

명저 『리바이어던』을 남긴 홉스는 91세까지 살았다. 철학자들 가운데 최고 장수 기록을 보유한 인물이기도 하다. 그는 스포츠를 매우 즐겼는데, 일상적인 산책 외에도 규칙적으로 테니스를 쳤다(75세까지). 테니스를 칠 만한 장소가 없으면 언덕의 비탈길을 오르내렸고, 운동 후 침대에 늘어져서 하인에게 약간의 수당을 지불하고 마사지를 받았다. 홉스가 그렇게 지긋한 나이까지 살 수 있었던 것은 운동 덕택일까? 어쩌면 그가 운동을 하지 않았더라면 91세보다 더 오래 살았을지도 모른다.

연설 중인 피히테

연설가로도 유명한 피히테는 칸트 철학의 저서로(칸트 자신이 쓴 것으로 추정된다) 삽시간에 유명해지고 1811년에 최고의 전성기를 맞이한다. 신설된 베를린 대학의 총장으로 임명된 것이다. 학교의 규율과 규칙을 자리잡고 학생들의 권력을 분쇄하려고 갖은 노력을 했지만 개혁안을 제대로 시행해 보지도 못한 채 다음해인 1812년에 총장직에서 물러나야 했다.

더비 『강의 중인 철학자』

강의와 연설은 철학자들에게 필수적인 요건이었다. 강의 스타일도 각양각색이었는데 성 아우구스티누스는 즉흥 연설을 즐겨 펼쳤다. 성서와 그리스 작품에서 인용해 온 놀라운 양의 문장을 자유자재로 구사하며, 카르타고에서 배우고 가르친 수사법을 사용하였고, 웅변가라는 직업의 모든 기술을 속속들이 꿰뚫은 사람이었다. 반면 플로티노스는 강의를 하는 대신 질문을 하게 했고, 비트겐슈타인은 메모 하나 준비하지 않은 채 강의했고 무엇보다 개근을 중요시했다. 강의가 끝난 후 그가 달려간 곳은 영화관이었는데 주로 오락물, 서부극 등 가벼운 작품들을 골랐다.

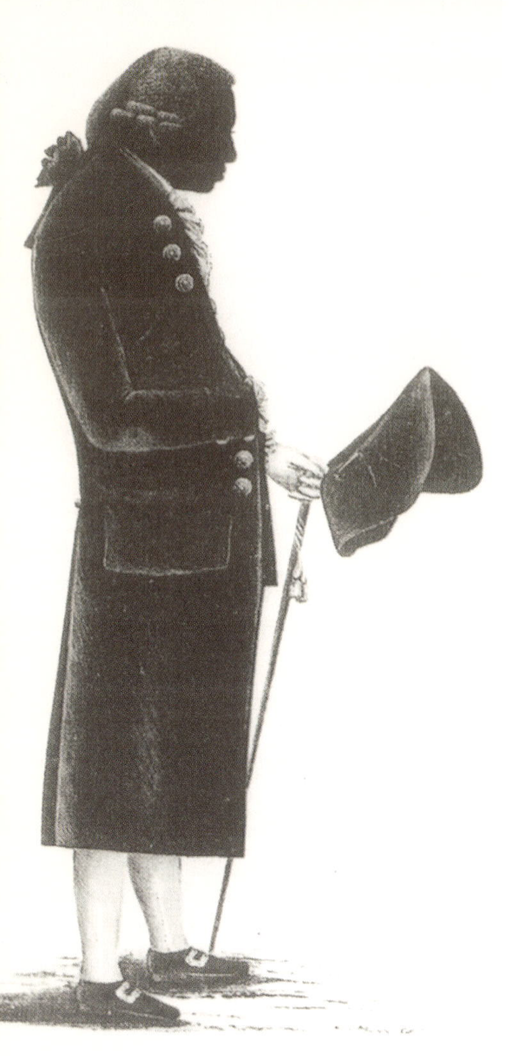

칸트

칸트는 쾨니히스베르크에서 태어나 그곳에서 평생을 가르치다가 그곳에서 죽었다. 할레, 예나, 에를랑겐, 미타우 대학 등 독일의 유수한 대학들이 그를 초빙하려고 했지만 독일의 한구석 깊이 처박힌 동프로이센의 쾨니히스베르크를 결코 떠나지 않았다. 매일 점심식사 후에 그는, 주민들이 "철학자의 길"이라고 이름붙인 일정한 행로를 따라 말 한마디 없이 산책했다. 철학자가 지나가는 까닭에 교회당의 종소리 없이도 사람들은 시간을 알 수 있었다. 죽음마저도 시간을 정확히 지켰는데, 그의 임종을 지켜본 사람의 증언에 따르면, 철학자의 맥박이 멈추었을 때 벽시계가 11시를 울렸다고 한다.

산책하는 칸트의 모습

프로메테우스로 묘사된 마르크스

모두가 경외감을 표하지만 결코 읽기가 쉽지 않은 마르크스의 『자본론』은 기념비적인 저서의 표본으로 남아 있다. 1846년에 출판 예정이었던 이 책이 우여곡절 끝에 제 1권이 1867년에 출판되었을 때 세상의 반응은 너무나 냉담했다. 『공산당 선언』의 공동 저자이자 동료인 엥겔스가 다양한 가명을 써가면서 비평을 발표해야 했을 정도였다. 아무도 이 책을 읽지 않았다. 심지어 혁명운동권에서도 읽지 않았다. 부인인 예니 마르크스가 전하는 바로는, "독일인들은 오로지 거대한 부피의 서적만을 신임하기 때문에 (……) 남편은 고의적으로 다량의 역사적 자료를 첨가했다"는 것이다.

쇼펜하우어와 애견의 산책 풍경

쇼펜하우어는 병에 감염될까봐 전전긍긍했다. 식당이나 호텔에 출입할 때면 항상 자기 컵을 들고 다녔다. 화재에 대한 두려움 때문에 항상 2층 이하의 방에서만 잠을 잤다. 사적인 비밀이 누설될까 두려워서 개인적인 서류는 모두 감추었다. 누군가 그의 재산 상태를 알아낼까봐 모든 회계장부를 라틴어와 그리스어로 작성했다. 그는 또 생매장될까봐 두려워했다. 1860년 72세의 나이로 임종을 맞이했을 때 그는 이렇게 외쳤다. "자, 그런 대로 잘 빠져나오지 않았는가!"

왼쪽부터
루 살로메, 폴 레, 니체

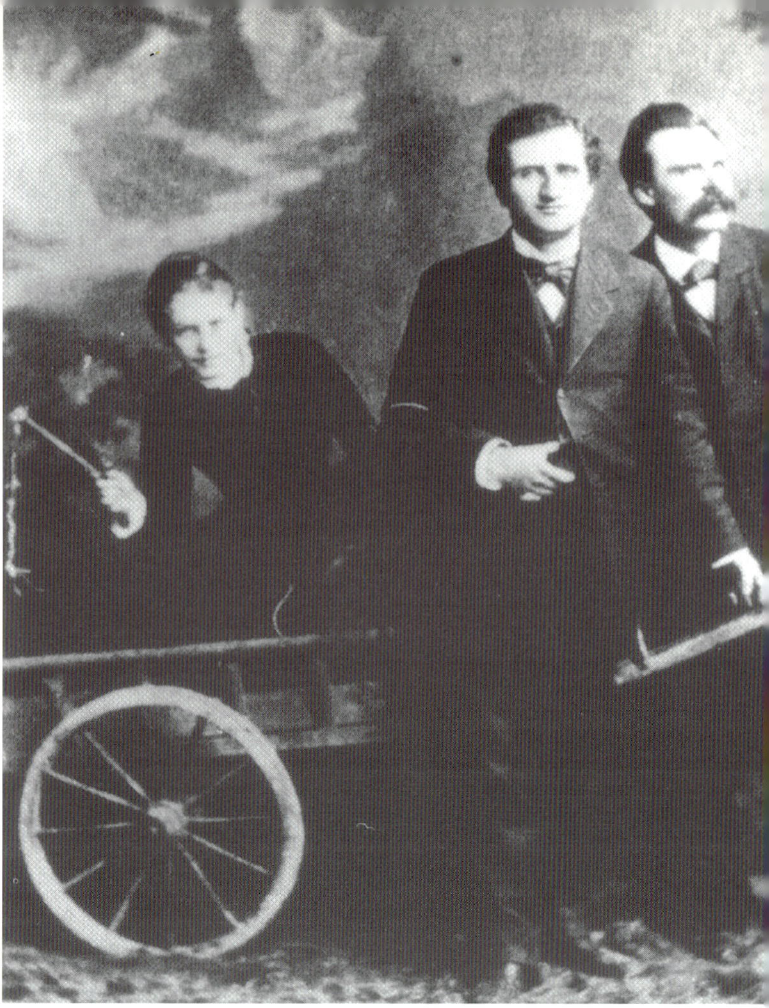

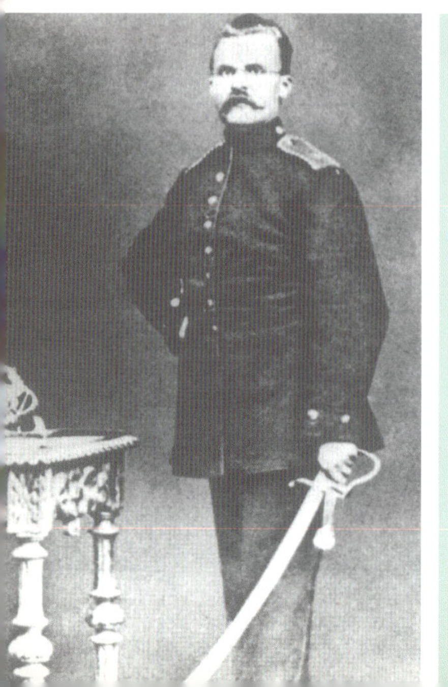

니체

니체는 루를 보는 순간 사랑에 빠졌다. 하지만 루는 딱딱하고 과장된 문체에, 순발력이라고는 찾아볼 수 없는 지극히 '독일적인 교수' 니체에게 결코 연정을 느낀 적이 없었다. 그에게 탄복했을 수는 있을지언정 그 이상은 아니었다. 사진은 루와 두 구애자 폴 레와 니체가 스위스에서 함께 찍은 것이다. 사진에서 두 남자는 수레의 채에 묶여 있고 루는 채찍을 들고 있다. 하지만 그 채찍이 과연 니체가 두려워할 만한 채찍이었을까? 그들의 러브스토리가 막을 내린 후 왜 그의 마음은 그토록 갈기갈기 찢기고, 상처받고, 죽도록 머리가 돌아버렸을까?

▼ 디드로
▲ 로크
▼ 흄
▲ 헤겔
철학사에 길이 그 족적을 남긴 위대한 철학자들
베르그송 ▶
▼ 사르트르
▲ 하이데거
▼ 비트겐슈타인
▲ 러셀

키에르케고르

허약하고 등도 굽은 키에르케고르는 결코 미남이 아니었다. 미모의 17세 덴마크 소녀 레기네 올센이 이 신학과 학생에게서 발견한 매력은 무엇이었을까? 그녀는 이 청년이 천재적이며, 위대한 작가로 성장하리라는 것을 알아챘던 것이다. 하지만 종신 약혼을 제의하는 그에게 실망한 레기네는 파혼을 결심한다. 실의에 빠진 케에르케고르는 절망 속에서도 자신이 작가라는 사실까지는 잊지 않았다. 마음의 고통은 심했지만 손에서는 펜을 놓지 않았고, 결국 레기네의 이야기이기도 한 그들의 파혼에 얽힌 이야기를 급히 써서 『이것이냐 저것이냐 ─ 삶의 단상』이라는 제목으로 대중에게 선보인다.

키에르케고르

유쾌한
철학자들

위대한 철학자들

도서관에서 뛰쳐나온 거장들 이야기

프레데릭 파제스 지음 | 최경란 옮김

열대림

옮긴이 **최경란**
1963년 대구 출생. 연세대학교 불어불문학과를 졸업한 후 파리 제10대학에서
언어학 박사과정을 수료했다. 양귀자의 『유황불』, 최수철의 『시선고』,
김영하의 『나는 나를 파괴할 권리가 있다』 등을 불역했으며, 『표절』, 『태양의 가면』,
『그리스 문명의 탄생』, 『신이 된 남자』 등을 우리말로 옮겼다.

유쾌한 철학자들
도서관에서 뛰쳐나온 거장들 이야기

초판 1쇄 인쇄 2005년 3월 10일
초판 6쇄 발행 2009년 3월 13일

지은이 프레데릭 파제스
옮긴이 최경란
펴낸이 정차임
디자인 강이경
펴낸곳 도서출판 열대림
출판등록 2003년 6월 4일 제313-2003-202호
주소 서울시 마포구 동교동 156-2 마젤란 503호
전화 332-1212
팩스 332-2111
이메일 yoldaerim@korea.com

ISBN 978-89-90989-09-3 03100

경쾌함 뒤에 숨은 철학 유감

자고로 철학자는 창백한 낯빛으로 두툼한 책이나 생산하는 직종의 종사자들이 아니었으며, 애초에 철학이란 "먹고, 마시고, 어울려 살고, 동침하고, 세상에 나와서 살다가 세상을 하직하는 방식"이었다면, 우리는 철학자의 삶 자체에도 관심을 기울여야 할 것이다.

전직 철학 교수이자 현재 프랑스의 시사주간지 『카나르 앙셰네』 기자인 프레데릭 파제스가 철학과 철학자의 일생이 제공하는 천여 종의 일화를 모아 엮은 이 책은, 철학이라는 분야에 경외심을 품고 있는 사람들, 혹은 철학자는 초자연적 인물이라고 굳게 믿는 사람들의 고정관념을 해소해 주고 그들의 눈을 열어준다.

작가는 이 책에서 소크라테스부터 사르트르에 이르기까지 서양 철학의 대사상가들을 섭렵하면서, 유머와 풍자를 담은 간결한 문체로 철학과 철학자들의 생애 이면에 감추어진 '동글동글 풍요롭고 짭짤한' 일화들을 소개한다. 대학이나 도서관에 둥지를 틀기 이전까지 철학자들은 나름의 자구책으로 각양각색의 직업을 전전하였으며, 다채로운 연애담을 남겼고, 기상천외한 방식으로 세상을 하직한 경우도 드물지 않았다.

그러나 흥미로운 일화와 경쾌한 필체 뒤로 철학의 본연의 모습에 대한 향수와 책 속에 갇혀버린 오늘날의 철학에 대한 유감을 힘주어 피력하는 이 책은 현대철학에 대한 하나의 비평서이기도 하다.

철학자는 꾸준하게, 참여적으로, 그리고 정열적으로 지혜를 사랑하는 사람들이다. 과거의 철학자는 철학에 의해 살아간 것이 아니라 철학을 위하여 살아갔다. 굳이 따진다면 칸트를 분기점으로 철학자의 양태는 전격적으로 변모하였다. 칸트 이전의 철학자들은 여행자들이었다. 그들은 온몸으로 철학을 살았고 몸소 실천했던 사람들이었다.

그후 조직적인 근대국가의 등장과 함께 철학자들이 대학과 도서실을 기반으로 입지를 굳히게 되면서 짜릿한 발견과 모험의 향기는 사라지고 곰팡이 냄새를 풍기는 단조롭고 근엄한 교수님으로 변모하고 말았다.

『유쾌한 철학자들』의 독서를 한층 유쾌하게 해주는 것은 무엇보다도 작가의 재기 넘치는 문체이다. 이러한 점은 작가가 지난 20여 년 동안 『카나르 앙셰네』의 기자로 일해 온 경력에 비추어볼 때 전혀 놀라운 일이 아니다. 심각한 주제라고 해서 꼭 심각하게 다루어야 한다는 법은 없다. 파제스는 진정한 철학의 모습을 '카나르 앙세네' 식으로 다룰 수 있다는 사실을 이 책을 통해 보여주고 있다.

『카나르 앙세네』는 어떤 신문인가. 이 신문은 1915년 창간된 시사풍자주간지로서 현존하는 프랑스 언론지로서는 최고의 역사를 지니고 있다. 카나르(canard)는 '오리'를 뜻하며, 속어로는 '신문'을 지칭하기도 한다. 카나르 앙세네(Canard Enchaîné)를 풀어보면 '족쇄 찬 신문'을 뜻한다. "자유란, 그것이 행사되지 않는 경우에만 닳는다"라는 카나르의 슬로건과 신문 이름의 뜻은 이 신문의 입장을 익히 대변해 준다.

실제로 이 신문은 창간 이후 지금까지 프랑스를 위시한 각국의 정치, 경제, 미디어, 사법 등 모든 분야의 부정과 비리를 세상에 공표하며 각계의 권위에 설봉(舌鋒)을 휘둘러왔다. 타의 추종을 거부하는 말의 유희와 상상을 초월하는 풍자성, 한눈에 들어오는 '끔찍한' 지면 구성, 우스꽝스러운 삽화 등에도 불구하고 『카나르 앙세네』는 지극히 진지한 신문이다. 어떠한 영향력으로부터도 자유롭고자 하는 이 신문은 프랑스에서는 유일하게 광고를 전면 거부하는 언론지이기도 하다. 그러나 무엇보다도 이 신문의 정통성을 증명하는 것은, 그들이 들추어낸 수많은 비리와 추문들이 법정으로 이어졌으나 그 많은 재판 가운데 지금까지 단 한 번도 패소한 역사가 없다는 사실이다.

이 책의 원제는 『Le philosophe sort à 5 heures(철학자는 오후 5시에 외출한다)』로, 폴 발레리가 어떤 인물이 무엇을 어떻게 했다는 이야기나 풀어가는 소설은 무용지물이라는 논거를 펼치기 위해 어느 비평서의 첫 문장으로 시작한 "자작부인은 5시에 외출한다"를 떠올리게 한다. 철학자들의 심각한 사상이나 저서보다는 생활방식 자체로서의 철학을 강조하기 위한 저자의 장치는 아닐지 모르겠다.

모든 철학 교수들이 프레데릭 파제스만큼이나 강의를 경쾌하게 풀어간다면 철학은 보다 접근하기 쉽고, 일상생활에 보다 적용하기 쉬울 것이다. 파제스의 가르침은 바로 그것이다. 즉 즐겁고 유쾌하게 함께 나누는 철학이다. 독자들도 친구들과의 즐거운 식탁이나 술자리에서, 절대 읽어보는 일 없는 『존재와 무』 혹은 『자본론』을 방석삼아 깔고앉아 철학적 담소를 나누어볼 수 있기를 기대해 본다.

2005년 프랑스에서
최경란

풍요롭고 짭짤한 철학의 일화들

철학자 디오게네스는 역사적 진실에 큰 중요성을 두지 않았다. 그렇지만 그는 나름대로 정직한 인물이었다. 그는 항상 "디오게네스가 낙지를 삼키다가 죽었다고 전해진다"라거나 "엠페도클레스는 에트나 화산에 몸을 던졌으며 그가 남긴 샌들만이 발견되었을 뿐이라고 혹자는 주장한다"라는 식으로 정확을 기하였다.

디오게네스 자신이 손가락에 장을 지지는 일은 없었을 것이다. 그러나 그가 하는 이야기들이 사실이든 아니든 중요한 것은 하나의 사상은 한 인물에서 발현된다는 점이다. 인물 없이는 사상이 존재할 수 없고, 육신과 뼈 없이는 이론이 존재할 수 없다! 실상 사람들이 관심을 두는 것도 인물의 성격이다. 우리의 고자질꾼 디오게네스도 자신의 신조를 펼쳐나갈 때면, 인간과 인간의 습성을 걸고 나오기 일쑤였다. 예컨대 "피론과 비슷한 삶의 방식과 성격을 지닌 자를 피론주의자라고 일컬을 수 있다”는 식이었다.

우리는 철학사 전체를 디오게네스 식으로 재편집해 볼 수 있을 것이다. 아니 그렇게 해야 할 것이다. 그렇게 한다면 사르트르와 관련해서는 대략 다음과 같이 정리될 것이다.

장 폴 사르트르는 1905년 파리에서 장 바티스트 사르트르와 안 마리 슈바이처 사이에서 태어났다. 그는 사팔눈에 외동아들이었으며, 언제나 두툼한 현금뭉치를 소지하고 다녔다고 전해진다. 1928년에 그는 시몬 드 보부아르를 만나게 된다.

왜소하고 볼품없는 외모였음에도 불구하고 그는 많은 애인을 거느렸다고 한다. 그의 어머니는 그를 ‘풀루’(장 폴 사르트르의 애칭 – 옮긴이)라고 불렀다. 어느 날 그는 한 공장 입구에서 양철통 위에 올라가 노동자들을 상대로 연설을 하였다. 또다른 어느 날에는 노벨상 수상을 거부하였다. 멜버른 올림픽이 개최될 즈음에 그는 전성기(한 개인의 일생에서 가장 큰 성공을 누리는 시기. 그리스인들은 출생이나 사망의 시점보다 전성기에 더욱 중요한 의미를 부여하였다. 멜버른 올림픽은 1956년에 개최되었다)를 맞이하였다. 그는 존재가 본질을 앞선다고 생각하였다. 그러나 “점착성은 즉자적 단계의 반대 급부이다”에서 알 수 있듯, 그의 문체는 상당히 난해한 데가 있었다.

철학자들도 피와 살로 이루어진 인간이다. 그들도 피부와 머리털을 가지고 있다. 머리를 기르든 짧게 깎아버리든 그것은 그들 각자의 자유이다. 그리스 견유학파 철학자들은 덥수룩하게 머리를 길러서 사자갈기처럼 드리우는 경향이 있었다. 그러나 5세기가 지난 후 마르쿠스 아우렐리우스 주변을 맴돌던 젊은 스토아 철학자들은 삭발을 하고 다녀 쉽게 눈에 띄었다.

여기서 머리 모양의 엄격함과 사상의 엄격함 사이의 관계를 밝히려는 의도는 전혀 없다. 칸트가 최후까지 가발을 쓴 철학자였다는 사실을 안다고 해서, 그것이 『순수이성비판』을 이해하는 데 도움이 되는 것은 결코 아니다.

단지 내가 말하고자 하는 바는, 지금까지 철학자의 사상에 대해서는 많은 이야기가 오고갔지만, 철학자들의 모발에 대해서 거론된 적은 거의 없다는 사실이다. 그것은 공백이다.

왜냐하면 철학이라는 물건은, 종이 위에 말라붙은 사상의 컬렉션이기 이전에, 하나의 삶의 방식이며, 먹고, 마시고, 어울려 살고, 동침하고, 세상에 나와서 살다가 세상을 하직하는 방식이기 때문이다. 고대에는 지극히 명백했던 이러한 철학의 정의가 어느새 조금씩 잊혀져 이제는 찾아볼 길이 없다.

생각한다……. 그렇다. 그런데 어떻게 생각하는가? 어떤 자세로? 서서? 앉아서? 강단 위에서? 회랑의 그늘 아래에서? 향연의 식탁에서? 걸어가면서?

이러한 것들은 모두 일화의 소재가 될 수 있다. 동글동글 풍요롭고 짭짤한 소재들, 유감스럽게도 오늘날에는 거의 읽히지 않는 디오게네스 라에르티오스의 『저명한 철학자들의 생애』 속에서 풍부하게 찾아볼 수 있는 소재이기도 하다.

일화들! 철학의 일화들!

Contents

고등학교 공식 철학자 목록

오늘날 우리가 '철학자'라고 일컫는 사람들의 대부분은 철학으로 생계를 유지하지 않았다. 그들은 철학 수업을 받지도 않았고, 철학을 가르치지도 않았다. 그들 가운데는 성직자(성 아우구스티누스, 말브랑슈, 버클리)도 있었고, 국가원수(마르쿠스 아우렐리우스, 세네카)도 있으며, 점성가(지오르다노 브루노), 사법관(몽테뉴), 물리학자나 수학자(파스칼, 데카르트) 외교관(라이프니츠, 로크), 개인 비서(홉스, 흄), 집 없는 사람(루소), 나폴레옹 제국의 지방장관(멘 드 비랑), 금리 생활자(쇼펜하우어, 키에르케고르) 등도 있었다.

일관성이란 눈곱만큼도 찾아볼 수 없지 않은가! '철학자'는 사회 직업적 계층이 아니다.

1970년 7월 10일 파리에서 사르트르와 그의 동지 10여 명은 모택동주의를 표방한 금지된 신문 『민중의 대의』(프랑스의 좌익 노동자 신문—옮긴이)를 길에서 배포하고 있었다. 경찰이 출동했고 사르트르 일행은 결국 경찰서로 연행되었다. 장 폴 사르트르도 다른 사람들과 마찬가지로 신분증을 제시해야 했다. 웃지 못할 상황이 일어났다. 경찰은 천하에 유명한 이 철학자의 신분을 확인해야 했던 것이다.

1시간 15분 후 『민중의 대의』를 팔던 사람들은 모두 방면되었다. 그들은 사르트르를 선두로 해서 경찰서를 나왔다. 경찰당국에 그는 "작가"라고 기록되었다. 만약 그가 자신의 직업을 철학자라고 굳이 고집했다면, 경찰이 얼마나 곤혹스러워했을지 짐작할 수 있을 것이다. 사르트르는 철학 교수가 아니었다. 철학자라? 이런 종류의 신분 확인은 1시간 15분으로는 도저히 불가능하다. 그런데 지난 20세기를 내려오는 동안 이러한 상황은 여전히 해결을 보지 못하고 있다.

"철학자란 무엇인가?"라는 난감한 질문에 대해서 흰 종이 위에 검은 글씨로 명백하게 인쇄된 하나의 해답이 있다. 그것은 고등학교 졸업반을 위한 공식 철학자 목록이다. 그런데 시간의 흐름과 함께 이 목록은 변화를 겪으며 수많은 파란을 겪게 된다. 예를 들어서 1960년 목록에는 몽테뉴와 마키아벨리가 불쑥 출현한 — 왜 겨우 이제야 나타났을까? — 반면, 콩디야크와 르낭은 퇴장당했다. 몇 년 뒤에는 쿠르노와 라슐리에가 사라졌다. 한편 19세기 말

프랑스에서 크게 각광받던 쇼펜하우어는 아직까지도 출석 장부에 이름이 빠져 있다. 말브랑슈 또한 탈락했지만 토마스 아퀴나스는 굳건히 버티고 있다. 발레리, 치오란, 단테, 마이스터 에크하르트, 이븐 시나, 이븐 루슈드, 마이몬 등도 여전히 찾아볼 수 없다.

가장 희극적인 경우는 행정당국으로부터 아직까지도 '철학자'로 인정받지 못하고 있는 디드로이다. 그 이유는 '문학적 금서 작가'에 속하는 인물이기 때문이라는 것이다. 지극히 명확한 문장을 구사하는 디드로가 문자해독기의 사용을 무색하게 하고, 주해자의 사기를 꺾는다는 것은 사실이다.

이렇다 할 기준 없이 모아놓은 일군의 집단에서도, 한 가지 확실한 공통점은 있다. 목록에 들어간 저자들은 모두 저승으로 간 인물이라는 점이다. 그들의 몸이 식기를 기다려야 한다는 말인가. 1980년 이전에 사르트르의 텍스트로 수업을 하는 교사가 있었다면, 아마 그는 규칙 위반으로 걸려들었을 것이다. 실제로 철학과 장학사들이 웃지도 않고 신참 교사들에게 설명해 주는 바, 중요한 사상가로 인정받기 위해서는 일단 사고하는 일을 마쳐야 한다고 한다.

철학자라는 종족의 변천

철학의 가장 아름다운 개화는 항상 대학이라는 온실의 밖에서 이루어졌다. 데카르트, 스피노자, 말브랑슈, 라이프니츠, 디드로,

루소 등은 교수가 아니었다. 그들은 학위도 없었다. 그들은 성직자와 문인 사이의 어딘가에서 끝없이 변하는 어떤 지점 위에서 아슬아슬하게 균형을 유지하고 있었다. 어디에도 속하지 않는 줄타기 곡예사. 사회적으로 볼 때 철학은 존재하지 않는 유토피아이다. 공화국에 고용되기 전에는 갈 곳 없던 이 희한한 족속들은 살아남기 위해서 재정적으로 끝없이 곡예를 해야 했다.

디드로는 애초에 성직자가 되려고 했다. 그러나 결국 엄청난 다작(多作)을 하면서 펜으로 살아갔다. 그러다가 사랑하는 딸의 앞날을 책임져야 할 때가 오자, 끝내 러시아 여왕 캐서린 2세가 제공하는 위험한 후원을 수락하기에 이른다.

교수라는 근대적 인종이 나타났을 때, 철학자들 가운데서도 가장 뛰어난 종자들은 일찌감치 어머니 품을 떠나서 넓은 세상으로 나갔다(니체, 사르트르). 일반적으로 대학에 남은 철학자들은 기억에 남겨지지 않는다. 왠지는 몰라도 사실이 그러하다.

오늘날 우리의 기억에 남아 있는 철학자들은 누구인가? 오귀스트 콩트(강단에 한 번도 서지 못했던)인가, 아니면 동시대를 살았던 루아예 콜라르인가? 베르그송인가, 아니면 올레 라프륀느인가? 장 폴 사르트르인가, 레옹 부륀쉬비그인가?

오늘날 철학은 ‘문학적’이라는 평을 얻고 있다. 예전의 철학은 모든 지식의 종합체였다. 철학은 모든 것을 포함하였고 다양한 ‘과학’을 하나로 묶어주었다. 철학은 연구실에서 고립되어 작업하는 학자들을 연결시켜 주었다. 철학자들은 과학자들이었다. 플라톤, 아리스토텔레스, 파스칼, 데카르트, 라이프니츠 등은 수학과 생물학, 물리학, 기계공학 등을 연구하였다. 도락(道樂)으로서가 아니라 연구자로서, 발명자로서 달려들었던 것이다.

그들에게 철학은 하나의 취미생활, 휴일에 즐기는 일, 사교계 대화의 주제, 퇴직한 학자의 여가활동, 언론에서 다루는 소비적 문화가 아니었다. 그들은 진정한 철학의 '애호가' 들이었다. 오늘날에 와서 '애호가' 라는 단어는 그 가치를 잃고 말았지만, 실상 그 원초적인 의미는 무엇을 '사랑하는 사람' 을 가리킨다. 철학자는 '지혜를 사랑하는(philosophia)' 사람들이다. 꾸준히, 참여적으로, 그리고 정열적으로. 그들은 철학을 포교하였으나 굳이 직업으로 삼지는 않았다. 그들은 철학에 의해 살아간 것이 아니라, 철학을 위하여 살아간 자들이다.

철학 교수라는 인물을 고안해 내기까지는 많은 시간이 필요했다. 철학 교수의 형태는 19세기에 와서야 제대로 갖추어졌다. 그 이전 중세시대에는 신학 교수밖에 없었다. 강단에서 이루어지는 철학 행위에 대해서는, 12세기에 나타났던 혜성적인 인물 아벨라르의 불행한 시도가 있었을 뿐이다. 그 후 100년이 지난 뒤에 '아베로에스 철학' 의 돌풍이 있었다. 허풍, 환상…… 아베로에스(일명 이븐 루슈드, 12세기 중세 아라비아 철학자 – 옮긴이)였다.

어쨌든 먹고살기는 해야 했으므로 철학자들은 가정교사가 되었다. 왕족의 가정에 소속되어 있는 동안에는 그들의 생활도 상당히 풍요로웠다. 홉스의 경우, 드본셔 공작의 아들과 클리프턴 경의 아들, 그리고 윌리엄 케번디쉬의 아들 등 자신이 가르치던 학생들에게 넓은 세상을 보여주고 견문을 넓혀주기 위해서 1610년, 1629년, 그리고 1631년, 세 번에 걸쳐 유럽 대륙을 여행하기도 했다.

반면 리용의 루소, 베른의 헤겔, 그리고 칸트와 피히테처럼 중상류 가정에 얹혀 지내던 철학자들의 입지는 참으로 보잘것없었다. 가정교사라기보다는 차라리 하인이라고 하는 것이 나았다. 이러한 상황 속에서 철학의 줄리앙 소렐(스탕달의 『적과 흑』의 주인공. 부유한 가정에서 가정교사로 일한다 — 옮긴이)들이 마음속에서 끓이던 조바심은, 제국의(게르만 제국, 나폴레옹 제국) 폐허 위에 새로이 건설되고 있는 국가에 소속되어 경력을 쌓아가고자 하는 것이었다. 그러나 갈 길은 멀었다. 칸트는 국가의 보수를 받지 않는 사강사(私講師)로서 생애의 대부분을 보냈다. 그는 자기 집에서 또는 시내에 임대료를 지불하고 교실을 빌려 강의하였다.

게오르그 빌헬름 프리드리히 헤겔의 행로는, 튀빙겐과 예나를 거친 후 베른에서 베를린에까지 이르는 진정한 십자가 길이었다. 보수도 적었고 결혼하기도 어려웠던 이 철학자는 마침내 중상류 계층과 떨거지 귀족들에게서 벗어나 보편적인 대우, 다시 말해 국가로부터 인정받고 국가의 보수를 받게 되었다. 그것은 최정상을 의미했다!

이와 함께 지금까지 그가 가지고 있던 '안정' 에 대한 전통적 이상형의 의미도 완전히 돌변한다. 더 이상 그것은 그리스인들이 말하던 내적 평정, 미래에 집착하지 않고 현재를 살아가게 하는 그

내적 평정이 아니라 하나의 사회적 지위, 직업적 우월성, 커리어
등을 의미하는 것이 되어버렸다.

분류된 수강생 집단의 등장

　1830년 당시, 철학자라는 인종의 진화는 아직 끝나지 않았다.
당시 헤겔의 강의에 참석하던 청중은 상당히 혼합적인 집단이었
다. 강의실에는 학생뿐 아니라 교양을 쌓고자 하는 베를린의 명사
들과 부자, 여자, 군인 등이 모여들었다. 나이와 사회적 지위 그리
고 '복장'을 불문한 수강생들이었다. 요즘의 콜레주 드 프랑스(프
랑스의 고등교육기관 - 옮긴이) 강의실을 보면, 그의 강의실이 어떠
하였는지 막연하게나마 짐작할 수 있을 것이다.
　'분류된' 수강생 집단은 오랜 시일이 지난 후, 철학자가 대학생
들을 상대로 강의하는 전문직 교수로 자리잡은 20세기가 되어서
야 나타난다. 또 프랑스가 고안해 낸 방식이지만, 고등학생들을
위한 철학 교수도 있다. 자, 이렇게 해서 나이별로 토막내고 정성
스럽게 동질화한 청중이 등장하게 된 것이다.
　이제부터 철학자들은 '젊은이'(이는 상당히 애매한 개념이다. 예전
에는 40세까지 포함되었다)를 대상으로 강의하는 철학 교수로서의
기틀을 갖추었으므로 그들 스스로 소크라테스와 유사하다는 느낌
을 갖게 된다. 그리고 알키비아데스를 고등학교 졸업반 학생의 모

습으로 상상하는 것이다.(그리스 반동 참주정치가 알키비아데스는 소
크라테스의 제자였다 – 옮긴이)

'애 보기'와 '재생산'(대학은 또다른 철학 교수들을 양성하는 일밖
에 하지 않는다)의 임무를 띠게 된 철학 교수는 자신의 사회적 위치
를 '교육자'라는 이름으로 이론화시킨다. 사뭇 의심스러운 전향
이 아닐 수 없다. 더욱이 '교육자'가 사회계층 구조상 가정교사보
다 하위의 직종이라는 것이 사실이라면 더더욱 의심스러운 전향
이다. 아테네에서는 '교육자'라는 용어가 등하교 길에 어린이들
을 보호하는 임무를 수행하던 노예를 지칭했다.

동시대 모든 소피스트나 궤변론자들과 마찬가지로 엘리스의 히
피아스(Hippias)도 자신이 키우던 제자들을 다방면에 유능한 인물
로 키우고자 많은 노력을 기울였다. 그가 책정한 고가의 수업료는
다른 철학자들을 놀라게 하였다. 그들은 '사고한다'라는 지극히
기본적인 인간활동으로부터 돈을 만들어낼 수 있다는 생각을 한
번도 해본 적이 없었다.

히피아스는 행위예술에 뛰어난 자질을 가지고 있었다. 때때로
그는 아테네 청중들을 버려두고 올림픽 경기장으로 갔다. 그곳에
서 그는 올림픽을 보기 위해 모인 청중이 요구하는 갖가지 주제에
대해 연설을 했다. 웅변 부문에 있어서는 모든 종목을 휩쓸 만큼
다양한 카드를 쥐고 있던 탁월한 이 철학자는 문자 그대로 보편적
인 인간이었다. 그는 손으로 하는 일도 모두 알고 있었다. 전하는
말에 의하면, 그는 모든 직업을 연마하고 섭렵했다고 한다. 외투

도 손수 지어 입었다고 한다. 머리에서 발끝까지 백과전서적인 인물이 되기 위한 나름대로의 방식이었다.

성 아우구스티누스는 조직자였다. 그는 학문 연구의 즐거움이나 문학에 대한 애정으로 글을 쓰지 않았다. 히포 레기우스의 주교 아우구스티누스는 일종의 총독이었다. 그는 내무부 장관인 동시에 법무부 장관이었다. 교회 소유의 문화유산을 관리했고, 돈 많은 과부들의 ― 몹시 중요한 대목이다. 과부들! ― 헌금도 맡아서 처리했다.

또 소송이 발생하면 조정했으며, 시민들이 공동으로 사용하던 오븐의 사용 규칙을 정하였고, 저울 눈금의 교정도 관장했다. 말년에는 중앙유럽에서 발생하여 히포 레기우스까지 도달한 반달족에 대항하기 위해 시민들을 소집하여 출정시키기도 했다.

또한 아우구스티누스는 아리우스파, 마니교파, 도나투스파, 펠라기우스파, 도케투스파 등 상호 적대적인 교파로 이루어진 교회 내에서 하나의 종파를 대표하는 당수이기도 했다. 그들은 삼위일체나 원죄를 가지고 몹시 다투었다. 폭발물의 혼합체였다! 기독교인들은 서로를 박해했으며, 각 주교들은 성직자회의나 중요한 종교회의가 있을 때면 매번 상대편을 숙청하였다.

이러한 상황은 근대사의 공산주의에 비교할 수 있을 것이다. 즉 마르크스주의, 사회민주주의, 바쿠닌주의, 볼셰비키주의, 멘셰비키주의, 트로츠키주의, 모택동주의 등으로 갈라진 공산주의와 닮은꼴이었다. 아우구스티누스는 고대 말기의 레닌, 북아프리카 출신의 레닌이었다.

현재 알제리의 수크아라스인 타가스테에서 베르베르족으로 출생한 그는 카르타고에서 수학했고 그곳에서 학생들을 가르쳤다. 그후 현재 알제리의 안나바에서 가까운 히포 레기우스의 주교로 취임했다. 그는 아프리카인이었다.

물론 그가 문화적으로 로마인이었다는 것은 사실이다. 그의 모국어는 라틴어였고 그의 부친은 로마제국의 말단 공무원이었다. 그는 식민지 주민으로 태어났다. 그런데 아우구스티누스의 외모는 '그 쪽'의 피를 많이 받은 모양이었다. 로마와 밀라노에 도착했을 때, 그의 라틴어 억양은 일부의 조롱거리가 되기도 했다. 북아프리카 출신 사제라니!

아우구스티누스는 모든 기독교인들의 통합을 위해 열성적으로 투쟁하였다. 단 그가 추구한 통합이란, 그에게 예속되어 그의 경향, 그의 노선, 그의 예배당의 승리를 전제하는 경우에 한했다. 내전 중에 그가 학살에 참여하지 않은 것은 사실이다. 그러나 그의 무기는 무엇이었을까? 그것은 웅변이었다. 그의 웅변은 항상 중앙권력, 즉 제국을 옹호하는 것이었다. 종교재판소는 없었지만 일종의 종교재판관으로서 그는 성자로 추앙될 자격이 있었다. 그러나 능동적인 성자의 부류에 속하는 그는 결코 사색하는 철학자는 아니었다.

철학자들의 실패한 제자 교육

철학자들이 즐겨했던 일 가운데 하나는 왕자들과 젊은 귀족들을 교육하는 일이었다. 그런데 결과는 대체로 낭패였다.

독재자 디오니시오스(Dionysios)가 죽은 후, 격렬한 정권 계승 투쟁으로 시라쿠사는 물론 시칠리아 전체가 분열되고 있던 시절, 플라톤은 시라쿠사에서 교육을 펼쳐보려고 했다. 그 자신이 귀족이었던 플라톤은 독재자들에게 반대할 하등의 이유가 없었다. 단지 철학의 빛으로 그들을 '계몽' 시키고자 했을 뿐이었다. 그는 세 번에 걸쳐 시칠리아를 여행했다. 그런데 아차, 잘못된 선택이었다. 그는 자신이 제자로 키우고자 했던 디온의 편에 섬으로써, 죽은 독재자의 아들 디오니시오스 2세와 맞서게 되었던 것이다. 교육의 성과도 크게 성공적이지 못했다.

연합과 학살이 두 번 반전되는 사이, 이번에는 디오니시오스 2세가 플라톤에게 사람을 보내 고문역(오늘날에는 자문위원이라고 하겠다)을 맡아달라고 요청했다. 그러나 내전을 겪는 동안 모든 사람들은 조금씩 더 철학자가 되는 대신 조금씩 더 독재자가 되어갔다. 디오니시오스 2세는 플라톤이 역모를 꾀했다고 비난하고 그를 감금하였다가 노예로 팔아버렸다. 귀족 플라톤의 발에 쇠고랑이 채워졌던 것이다. 결국 그는 탈출에 성공하여 쓰라린 상처를 안고 아테네로 돌아갔다.

플라톤 이전의 소크라테스도 그보다 운이 좋았던 것은 아니었

다. 크리티아스와 알키비아데스, 그리고 일부 다른 제자들은 반역
적 정치가로 변신하여 자신들의 도시에 맞서서 무기를 들었다.

아리스토텔레스의 경우를 보자. 그가 베푼 교육의 결실은 알렉
산드로스라고 한다. 그는 알렉산드로스를 3년간 제자로 데리고 있
었다. 아, 얼마나 뛰어난 걸작인가! 알렉산드로스 대왕, 양심의 가
책도 모르고 두려움도 모르는 황제, 자신이 헤라클레스의 허벅지
에서 탄생했다고 굳게 믿던 과대망상증 환자. 피비린내를 풍기던
이 정복자는 수많은 전적을 쌓았으니, 이집트 북부 도시 테베를 초
토화시켰으며, 일만 군사와 정복지 여인들의 결합을 강제적으로
조직하였고, 3만 이란 어린이들에게 그리스 교육을 강요하였다.

알렉산드로스 대왕과 마찬가지로 아리스토텔레스도 마케도니
아 사람이었다. 그는 항상 마케도니아를 옹호하였다. 이러한 입장
은 마케도니아가 아테네를 침략했을 때에도 변함이 없었다. 결국
이 때문에 그는 얼마간의 고초를 당하게 된다. 외국 권력의 첩자
이자 동조자로 비난받기에 이른 것이다. 그러나 그는 소크라테스
와는 달리 재판에 회부되지 않았다. 아테네에서 그리 멀리 떨어지
지 않은 칼키스로 도주했기 때문이다.

결국 그는 자신이 설립한 리케이온(아리스토텔레스의 철학학교였
지만 후에 많은 나라에서 '학교'를 가리키는 말이 되었다 ─옮긴이)을 포
기해야만 했다. 슬픈 종말이었다. 진정한 철학자(중세에 와서 플라
톤은 이렇게 불렸다)는 고독한 가운데 제자도 없이 죽었다. 마케도
니아의 독재정치가 막을 내리고 아테네에 민주주의가 회복되었을

때, 아테네 시민들은 철학학교를 개설하려면 특별허가를 거치도
록 하였다. 철학학교는 독재와 외국 당파의 냄새를 너무 강하게
풍겼기 때문이었다.

세네카의 '교육학 작품' 또한 불행스럽기는 마찬가지였다. 그
의 제자의 이름은 '네로'라고 했다. 이 교육의 결과는 로마 전체
와 세네카 자신에게도 심한 고통을 주었다. 65세 되던 해 어느 화
창한 날, 그는 옛 제자의 명령에 따라 동맥을 끊어야 했다.

철학이 그들에게 돈을 주었을까

사람들이 데카르트를 보고 '철학자'라고 했다면 아마 그는 놀
랐을 것이다. 어쩌면 화를 냈을지도 모르고, 아니면 그냥 어깨를
으쓱하고는 웃어버렸을지도 모른다. 데카르트에게 '철학자'라는
단어는 긴치마에 모자를 쓴 소르본 대학의 박사들이나 그 밖의 아
리스토텔레스 주해자들을 연상시키는 말이었다.

철학은 그에게 땡전 한푼 만들어주지 않았다. 그렇다면 그는 무
엇으로 먹고살았을까? 그는 선친에게서 물려받은 푸아투 지방의
자그마한 땅뙈기에서 나오는 금리로 생활했다. 르네 데카르트는
수학, 물리학, 의학, 공병대, 신학, 철학 등으로 꼭 찬 나날을 보내
는 신사였지만 어떤 조합에도, 협회에도, 동맹에도, 종파에도, 그
리고 어떤 군주에게도, 학파에도, 대학에도 소속되지 않았다. 그

는 철학자로서의 간판이나 명분을 갖지 않은 '철학자'였다.

형이상학을 다루기 전에 벤토 — 일명 바루쉬, 혹은 브누아라고도 불리는 — 스피노자(혹은 에스피노자)는 과일과 야채를 다루었다. 암스테르담 유대인회의 대표이자 식민지 상품 수입업자였던 부친 미셸이 1654년에 사망하자, 그는 동생과 함께 가업을 이어받아 '벤토와 가브리엘 데스피노자'라는 이름으로 상회를 운영하였다.

유대교 교회당에서 파문을 당한 후 그는 평생을 독신으로 지냈다. 세들어 살던 방에서, 그는 방문하는 몇몇 친구들을 맞이하거나 철학, 히브리어, 라틴어 등을 가르치거나 안경 렌즈를 닦으면서 살았다. 그는 어린 시절 최초로 받은 교육이었던 경영학을 결코 잊지 않았다. 그의 가장 중요한 저서라고 할 『윤리학』은 기하학적 방식, 즉 수학 논문식으로 기술된 저서로서, 모든 것이 증명되고 계산될 수 있는 회계학 서적처럼 엄밀하기 이를 데 없다.

루소는 일반 철학자들이나 글쟁이들과 자신을 구분할 있게 해주는 '손으로 하는' 일을 찾아냈다. 바로 악보를 필사하는 일이었다. 이렇게 자기 손으로 생활비를 번다는 사실은 그의 마음을 편하게 해주었다. 자영업을 하면서 가난하지도 풍요롭지도 않은 생활을 이어가며 루소는 스스로 장인의 세계에 속한다고 생각했다.

그런데 사실 여기에는 약간의 속임수가 들어 있었다. 그가 재력 있는 의뢰인들을 상대로 일할 수 있었던 것은, 바로 그가 루소였기 때문이었다. 문인이며 오페라 작가이기도 한 위대한 루소였기 때문이었다. 사실 그는 재능 있는 필사가가 아니었다. 악보를 베끼는 동안 그의 정신은 다른 곳에서 방랑하고 있었다. 주의력이 부족했던 그는 실수를 하기도 했고, 잘못된 부분을 수정하기 위해서 종이를 긁어내기도 해야 했다. 그는 식물을 채집할 때처럼 그저 어딘가에 정신을 쏟기 위한 수단으로 필사를 했던 것이다. 게다가 파리의 여느 필사가들보다 더 비싼 보수를 받았다.

그러나 줄을 죽죽 그어서 수정한 악보, 적당히 해치워버린 악보라 해도 루소의 손으로 만들어진 악보를 소유한다는 것, 그것은 진정 멋진 일이었다.

루소는 가난에 시달린 적이 결코 없었다. 그가 신음하는 소리만을 들으면, 불쌍한 루소가 거렁뱅이처럼 살았으리라고 상상할 수도 있을 것이다. 그러나 루소가 자기 집을 가져보지 못했다는 것은 참으로 간단한 이유에서였다. 그것은 사람들이 그에게 집을 제공했기 때문이었다. 그것도 매우 호화로운 집들을. 그가 몽모랑시 숲속으로 잠적한 것은, 데피니 부인이 그를 위해 일부러 보수한 호사로운 빌라에서 생활하기 위해서였다. 그후 빌라에서 몇 킬로미터 떨어진 곳에 룩셈부르크 공작 내외가 제공한 샬레로 떠나면서, 그는 스스로 "유럽에서 가장 훌륭하고 가장 안락한 집에서 숙박하는 민간인"이라고 표현했다.

그러나 이 모든 호사에도 불구하고, 루소는 "안식처도 빵도 없다"고 항상 죽는소리를 하면서 슬퍼하였다. 그는 프로이센의 프리드리히 2세와 사센 고타 공작부인, 콘티 공, 그리고 앞서 본 것처럼 룩셈부르크 공작의 총애를 받았다. 그러나 이런 것들은 루소에게 전혀 중요하지 않았다. 장 자크 루소는 학대받은 인물로 알려져 있다. 루소 자신도 그렇다고 굳게 믿고 있었다. 순교자! 그가 평생 인정할 수 있었던 단 하나의 직업이었다.

호사로운 루소와 달리 헤겔은 금전적으로 많은 어려움을 겪었다. 교수직의 보수로는 가족들의 입에 겨우 풀칠이나 할 정도였다. 우리는 때로 헤겔의 문체가 왜 그렇게 모호하고, 심지어 이해하기 불가능한가 하는 의문을 가질 때가 있다. 혹자는 검열을 피하기 위한 자구책이라고 설명하기도 한다.

1812년 2월, 그가 결혼한 직후였다. 『논리학』을 저술하던 그는 한 친구에게 이렇게 고백했다. "이 책이 적당한 형태를 갖추기 위해서는 일 년 정도가 더 필요할 것이네. 그렇지만 생활하기 위해서는 돈이 필요해."

난해하게 저술하는 작업이 단순하게 쓰는 일보다 시간이 덜 걸린다는 사실을 입증하는 말이다.

사르트르는 금전에 전혀 신경을 쓰지 않았다. 그는 돈을 세지도 않고 아무한테나 나눠주었으며 여기저기 지폐를 뿌리고 다녔다. 정치운동, 참여신문, 인도주의 사업뿐만 아니라 애인들을 유지하는 데에도 돈이 필요했기 때문에 저작권료 수입이 있음에도 불구하고 재정적으로 끊임없이 곡예를 해야 했다.

천문학적인 액수의 팁을 뿌림으로써 카페의 웨이터들로부터 크게 각광받았던 사르트르는 적어도 일만 프랑 정도는 주머니에 들어 있어야 마음이 편했다. 자신의 저작권료 수입이나 저작권 계약서, 판매 실적 등을 출판사에서 확인하는 일도 전혀 없었다. 금전적인 근심은 항상 그를 따라다녔지만, 그 때문에 그가 불안감을 느끼는 일은 없었다. 어느 날 그의 재정상태 때문에 비서가 걱정하자 그는 이렇게 안심시켰다. "걱정 마시오. 나는 황금의 뇌를 가지고 있소."

1927년 버트런드 러셀과 그의 아내 도라는, 그들의 자녀 존과 케이트를 더 이상 공립학교에 보내지 않기로 결정한다. 공립학교의 교육은 지나치게 종교적이고 교훈적이었기 때문이다. 그런데 차후의 일은 어떻게 처리할 것인가? 러셀 부부는 직접 학교를 세우기로 결정했다. 그들은 20명 가량의 학생들을 모아, 사우탬턴 근방에 위치한 방대한 사유지 텔레그래프 하우스에 정착하였다. 하지만 얼마 지나지 않아 러셀은 학원사업이 자신을 점점 빈털터리로 만들고 있다는 사실을 깨닫게 된다.

적자를 메우기 위해 그는 미국에서 수많은 강연회를 개최하고, 대중을 겨냥한 철학서를 쓰게 된다. 그것은 『결혼과 도덕』, 『행복의 정복』 등 다양한 주제를 다룬 소책자들이었다. 철학자로서 우리가 러셀에 대해 알고 있는 것은 대체로 논리학과 수학 분야의 연구 작업뿐이다. 다행히도, 재정적인 압박이 그로 하여금 좀더 대중적인 책들을 쓰게 했다!

빈(Wien)의 부유한 가정에서 태어난 루트비히 비트겐슈타인은 열네 살이 될 때까지 학교에 다녀본 일이 없었다. 그후 그는 공학을 공부했고 3년간 맨체스터 대학에서 항공학 연구에 몰두했다.

건축학에도 관심이 많아 누이 마가레트의 자택을 건축하는 작업에도 직접 참여하였다. 빈에 위치한 이 건축물은 상당히 전위적인 작품이다. 또한 그는 음악가로서의 길을 심각하게 고려한 적도 있었다. 결국 비트겐슈타인은 케임브리지 대학의 철학 교수가 되어 학생들에게 철학을 강의하였다.

'걸어다니는 시계' 칸트, 시간을 잊고 살다

칸트에게는 람페라고 하는 하인이 있었다. 여름이나 겨울이나 매일 오전 5시 5분 전이면 전직 군인 람페는 철학자의 방으로 들어와 큰 소리로 "시간이 되었습니다!" 하고 말했다. 그러면 칸트는 자리에서 일어나 차를 마시고 모자 ─ 항상 같은 모자 ─ 를 쓰고는, 스스로에게 하루 한 대로 허용한 그날치의 파이프담배를 피웠다.

7시에는 집을 나와 대학으로 갔다가 12시에 돌아왔다. 12시 45분에는 람페가 다시 한 번 그의 서재에 불쑥 모습을 나타내서는 변함없는 문구를 소리높이 외쳤다.

"수프가 식탁 위에 준비되어 있습니다!"

그러면 칸트는 의자에서 일어나, 쾨니히스베르크의 상류사회에서 조심스럽게 선발한 손님들이 기다리고 있는 식탁으로 향했다. 식사 후에는 결코 행로가 변하는 법이 없었던 그 유명한 산책에 나선다.

칸트의 하인 람페는 별나게 우둔한 인물이었다. 고유명사에 특히 약했던 그는 무슨 이름이건 제대로 기억하는 법이 없었다. 그는 일 주일에 두 번씩 주인님에게 『정월신문(Gazettz de Hartung)』을 바치면서 이렇게 외쳤다.

"교수님, 『둔재신문(Gazette de Hartmann)』이 여기 있습니다!"

그러면 칸트가 수정해 주었다.

"둔재가 아니라 정월이라네!"

이에 람페는 차려자세를 하고 반복하였다.

"둔재가 아니라 정월입니다!"

"한 번 더 반복하게!" 칸트가 명령하였다.

"둔재가 아니라 정월입니다!"

하지만 다음 호가 나왔을 때도 번번이 똑같은 장면이 재현되었다. 람페는 신문의 이름을 까먹었고 주인은 수정해 주었다. 이 장면은 람페가 칸트를 모신 38년 동안 계속되었다.

임마누엘 칸트에게 애인이나 아내가 있었다는 이야기는 전혀 전해지지 않고 있다. 그렇다면 그는 '직업여성'을 찾았을까? 그것도 썩 그럴 법한 가설은 아니다. 건강을 지키기 위해서 매시간의 일정을 기록한 그의 일과표에 따르면, 유곽의 초롱을 향해 살짝 빠져나갈 만한 시간적 여유는 전혀 없었다.

그에게 여자란 사유하는 데에 방해가 되는 존재일 뿐이었다. 더욱이 칸트는 분비물을 억제해야 한다는 고정관념을 가지고 있었다. 일상의 산책길에서도 그는 땀을 흘리지 않으려고 노력했다. 그것도 한 방울도 잃지 않으려고 애썼다! 이는 절대적인 요건이었다. 애인이나 섹스 등의 문제는, 아무리 그런 일이 어쩌다 한번 발생하는 드문 사건이라 해도, 생명의 보전에 큰 타격을 가져올 수 있는 체액의 낭비를 의미했던 것이다. 그는 모든 것을 다 품고자 했다. 땀, 타액, 정액…… 몽땅 다 몸 속에 가두어 두고자 했다.

칸트 이후로 철학자는 새로운 양상을 띠게 된다. 이제 철학자들은 교수로 자리잡게 되었으며, 맡은 강의에만 온통 몰두하는 인물로 변해간다. 그리스 시대나 르네상스 시대에는 한줄기 모험의 향기를 발산했던 지혜가 이제는 절제된 삶의 방식, 겁쟁이 같은 생활 양식으로 변모한다.

그때부터, 그러니까 지금으로부터 2세기쯤 전부터 철학자들의 일대기는 점점 더 간단하고 단조로워지는 경향을 보인다. 상을 받고, 전임, 승진, 출판 등으로 점철된 생애……. 호모 유니버시타리우스(Homo Universitarius)! 담력을 잃어버린 회색인!

그러면서 철학자들은 그들이 향유하는 중상류층의 조용한 삶을 '지혜'라고 일컫기에 이른다. 그들은 안정되고 단정한 궤도에 따라 상식적인 생활을 영위하며, 기득권을 지지하고, 휴가를 즐긴다. 그들의 연구는 지식의 축적에 따라 진보하는 것이지, 영감에 따라 진보하는 것이 아니다.

그들은 도서관의 서가 사이에 둥지를 틀고 죽친다. 읽기, 쓰기, 주해하기. 오늘날 철학자들의 주된 활동은 바로 이런 것들이다. 그리스 철학을 주해한 니체를 주해한 하이데거를 주해한 데리다를 주해하기……. 항상 과거의 한 철학에 견주어 스스로를 정의하기, '신(新)' 무엇이 되기.

20세기 초 소르본 대학과 고등사범학교에는 '신칸트주의'가 널리 퍼져 있었다. 그러나 그렇다고 해서 칸트 철학의 유행에 선두주자 역할을 했던 줄 라슐리에(Jules Lachelier)와 에밀 부트루(Emile Boutroux)가 칸트의 생활방식을 그대로 답습했던 것은 결코 아니다. 참으로 유감스러운 일이다. 철학이라는 것이 삶의 방식이라고 한다면, 칸트주의자라고 함은 칸트처럼 사는 것, 아니면 적어도 칸트 식으로 사는 것을 의미하지 않겠는가.

철저한 칸트주의자들이 있다고는 한다. '아만파'(근대화에 대한 거부를 표명하고 19세기처럼 사는 미국의 한 사교집단) 신도들은 20세기 중반에 칸트처럼 옷을 입고 칸트처럼 먹는다고 한다. 하지만 그들이 모두 쾨니히스베르크에서 사는 것은 아니지 않는가?

칸트는 쾨니히스베르크에서 태어나 쾨니히스베르크에서 평생을 가르치다가 쾨니히스베르크에서 죽었다. 할레, 예나, 에를랑겐, 미타우 대학 등 독일의 유수한 대학들이 그를 초빙하려고 했었다. 그러나 칸트는 독일의 한구석 깊이 처박힌 동프로이센의 쾨니히스베르크를 결코 떠나려 하지 않았다. 그의 습관은 바로 그곳에 있었던 것이다.

매일 점심식사 후에 그는, 주민들이 "철학자의 길"이라고 이름 붙인 일정한 행로를 따라 프리드리히부르크의 요새까지 이르는 길을 산책했다. 철학자가 지나가는 까닭에 교회당의 종소리 없이도 사람들은 시간을 알 수 있었다. 계몽주의 시대, 프랑스 대혁명이 ─ 칸트 자신도 프랑스 대혁명을 찬양한 바 있다 ─ 한창 진행되던 이 시대에, 부글거리는 열기로 들떠 있던 유럽 대륙 안에서, 칸트는 발트해 연안에 뚝 떨어져서 시간을 잊은 듯 잠겨 있는 한 도시에 칩거하고 있었으니, 그 이름하여 쾨니히스베르크였다.

칸트 이전의 여행자들

평생 한 곳에 칩거했던 칸트와 달리 칸트 이전의 철학자들은 여행자들이었다. 그들은 각지의 풍물과 주민들을 직접 체험하기 위해서 여행을 했다. 예전에는 여행이 매우 위험한 일이었기 때문에 그들은 치명적인 위험까지 감수할 각오를 단단히 하고 떠났다. 그들은 다양한 언어를 구사했으며, 몸 속까지 유럽을 지니고 다녔다.

여행 중에 지나치는 각 도시에서 그들은 각양각색의 여인들과 몸을 부대꼈다. 칸트 이전의 철학자들은 매우 후했다. 그들은 체액을 아끼지 않고 살았다. 그들은 발한, 피 뽑기, 동침 등을 두려워하지 않았다. 그들은 긴 여행을 하는 사람들이었지, '일상적인 길' 을 따라가는 사람들은 아니었다.

그리스어 'theôrein' 은 '명상하다', '사유하다' 라는 의미('theory' 라는 단어는 여기에서 생겨났다)뿐만 아니라 '여행하다' 라는 뜻도 가지고 있다. 철학을 한다는 것, 그것은 살던 도시를 떠나 다른 지방의 말을 구사하고, 새로운 스승을 얻고, 학파를 형성하고, 제자를 가르치고, 조언할 왕을 구하고, 그리고 나서는 다시 길을 떠나고, 닻을 올리고, 해적들의 손아귀 안에서 시달리며, 바람이 부는 대로 실려가며, 보통 인간들보다 조금 더 호기심을 가지고, 조금 더 무모해지며, 조금 더 모험적이 되는 것을 의미했다.

자폐증 연구의 한 방식으로 환자의 움직임을 지도 위에 선으로 이어간다는 페르낭 델리니(프랑스의 교육자이자 심리학자 – 옮긴이)의 방식을 철학자들에게도 적용해 볼 수 있을 것이다. 그러면 철학자에 대한 하나의 새로운 해석이 가능할 것이다. 즉 여행의 범위가 넓은 경우 그는 '큰' 철학자이며, 긁적거린 선이 서로 엉켜서 알아보기 어렵다면 '어려운' 철학자라고 할 수 있을 것이다.

지오르다노 브루노는 1576년 나폴리를 떠나 유럽 전체를 가로지르는 엄청나고도 놀라운 행로에 오른다. 베네치아, 제네바, 툴루즈, 파리, 런던, 다시 파리, 비텐베르크, 프라하, 시에나, 다시 베네치아……. 한 도시에 머무를 때마다 그는 그곳의 왕자들에게 기독교와 점성학의 애매한 조합이라고 할 수 있는 '이집트' 철학의 유용성에 대해 역설했다.

그는 고문관, 첩자, 포교자 역할을 했고 정치에도 발을 들여놓았다. 그러나 당파도 학파도 없는 고독한 정치활동이었다. 그는 학자나 대학교수들을 '현학적'이라고 비난했으며 그들과 종종 격하게 부딪혔다. 그리고 번번이 실패만을 거듭했다. 그에게는 권력관계에 대한 개념이 전혀 없었던 것이다. 그는 머릿속으로 왕들을 개종시킴으로써 자기 혼자 힘으로 전 유럽을 바꿀 수 있다고 믿었다. 파리에서는 앙리 3세, 런던에서는 엘리자베스 여왕, 프라하에서는 레오폴드 왕 등을 개종시키려고 시도했다. 브루노의 해박한 지식과 놀라운 기억력은 왕들의 마음을 사로잡기에는 충분했지만 그들을 설득시키지는 못했다.(브루노는 일종의 태양신 숭배신앙인 이집트의 종교로 왕들을 개종시키려고 했다 – 옮긴이)

1591년에 이탈리아로 돌아온 — 어떤 자살적 영감에 의하여? — 그는 누군가의 밀고로 종교재판소에 회부된다. 신의 법정이 한 도시에서 다른 도시로 이 환속한 사제의 뒤를 따라다니며 감시하고 있었던 것이다. 8년에 걸친 재판 끝에 그는 화형 언도를 받았다.

또 하나의 유럽 편력기로 데카르트의 전적을 훑어보자. 라플레슈 학교를 졸업한 후, 그는 차남의 전통(장남은 고향에서 가계를 잇고 차남은 군인이 되는 전통이 있었다 – 옮긴이)에 따라, 무기와 전장의 유럽을 가로지르는 대장정에 오른다. 그는 네덜란드, 덴마크, 독일, 프라하(여기서 잠시 그의 자취를 놓치지만) 그리고 이탈리아 등지에서 복무하였다.

1628년에 정착한 네덜란드에서도 한 군데 머물러 있지 못한다. 1629년 프라네커에서, 1633년에는 암스테르담으로, 1635년에는 위트레흐트로, 1636년에는 라이덴으로…… 그리고도 몇 군데 더 자리를 옮긴다. 그후 잠시 프랑스로 돌아왔다가 다시 네덜란드로 떠난다. 그리고는 마침내 스웨덴의 크리스티나 여왕의 집요한 요청을 거절하지 못하고 스톡홀름 행 선박에 오르게 된다.

1730년에서 1731년 사이에 19세의 루소는 별다른 목적도 없이, 그리고 정해진 종착지도 없이 사보이 지방과 스위스 사이를 하염없이 오간다. 그저 여행을 위한 여행이었다. 그후에는 일을 찾아서 곳곳을 전전한다. 그는 가정교사, 음악교사, 대사의 비서 등 갖가지 직업을 섭렵하였고, 임시로 구한 단기직에 따라 거주지를 수도 없이 옮겼다.

유명해진 후에도 그는 문예후원자들과의 반목의 리듬에 따라 이사를 계속했다. 이렇게 해서 어느덧 유럽을 한 바퀴 돌았다. 제네바, 토리노, 샹베리, 베네치아, 스위스, 리용, 파리, 에르미타주, 뷔제 지방, 뇌샤텔, 비엘, 파리, 런던, 다시 파리……. 한 비평가는 그의 방랑을 설명하면서, 여행에 대한 편집증, 삶의 불안정성 등을 의미하는 '배회광' 라는 용어를 사용하였다.

반면 고대 철학자 가운데 유일하게 나들이를 싫어하는 철학자가 있었으니 바로 소크라테스였다. 지중해를 드나들던 동시대의 다른 철학자들과는 반대로, 그는 항상 아테네에 처박혀 있었다(군역의 의무를 제외하고는). 그의 정주(定住)는 주변 사람들에게는 놀라운 일이었다. 헤라클레이토스, 피타고라스, 플라톤, 에피쿠로스, 아리스토텔레스, 플로티노스 등 모든 철학자들이 여행을 했다. 그들은 페르시아에서 이집트와 코르시카(세네카가 8년간 유배생활을 했던)를 거쳐 스페인에 이르기까지 많은 곳을 여행했다.

소크라테스는 유배라는 행운을 얻지 못했다. 행운이라고? 그렇다. 유배에 대해서라면 일가견이 있는 한 견유학파의 말에 따르면, 안정된 생활과 정착에 대한 거부, 그리고 강요된 이동은 지혜를 위한 뛰어난 훈련이라고 한다.

아리스티포스(Aristippos, 고대 그리스의 철학자 – 옮긴이)는 이렇게 말했다. "현자를 외국으로 내보내라. 그러면 이해할 수 있을 것이다." 디오게네스 또한 외국으로 추방된 자신을 비난하는 사람들에게 이렇게 대꾸했다. "어리석은 자들이여, 바로 그 덕택에 나는 철학을 할 수 있었다오!"

소크라테스는 이러한 기질과는 거리가 멀었다. 그는 줄곧 아테네에 머물렀으며 행동반경도 지극히 좁았다. 아테네 근교에 위치한 아카데메이아(BC 385년경 플라톤이 설립한 철학학교 – 옮긴이)의 김나지움에서 아고라, 즉 도심까지는 고작해야 2킬로미터 거리밖에 되지 않았다.

만약 소크라테스가 넓은 세상을 돌아다녔다면, 플라톤처럼 이집트에도 갔었다면 — 몇몇 증언에 의하면 플라톤은 이집트를 여행했다고 한다 — 그의 사상이 좀더 널리 알려졌을까?

소크라테스가 사망한 후 70여 년이 지났을 때 엘리스의 피론(Pyrrhon)은 알렉산드로스 대왕을 모시고 페르시아를 거쳐 인도의 문턱까지 여행했다. 그런데 피론은 이 모험으로부터 아무런 철학적 논쟁거리를 추출하지 않았다. 골수부터 '회의주의자'였던 피론은, 철학자의 생활방식은 별다른 의미를 가지지 않으며, 이는 정신세계를 결코 지배할 수 없는 기타 요소들과 같은 바구니에 넣어야 할 영역이라고까지 생각했다. 돈이나 의복 따위의 문제는 지혜로운 자의 사상이나 심적 평정과는 아무 상관이 없었다. 와이셔츠깃의 벌어진 모양새에 따라서 새로운 의상학파를 만들 수는 있을지언정 철학의 학파를 만들 수는 없다.

그러한 고로 알렉산드로스 대왕의 원정에 참여했음에도 불구하고, 피론은 평범한 생활을 누리고자 했다. 그는 조신하게 누이와 함께 살았다. 디오게네스 라에르티오스의 말에 따르면 "그는 가끔 닭과 돼지를 팔러 장에 나오곤 했다. 그리고 아무렇지도 않게 돼지를 씻고 손질해 주었다."

그러나 피론도 어쩔 수 없다. 누이와 돼지, 원했든 원하지 않았든 그것은 하나의 별난 선택이었다.

3 철학자와 책 그리고 도서관

서가에 진리가 꽂혀 있다

철학자들 가운데는 저서를 전혀 남기지 않은 사람들 — 결코 적은 숫자가 아니다 — 도 있다(소크라테스, 에픽테토스). 오늘날 철학자라고 불릴 만한 사람들은 당연히 책을 쓴다. 아니 한술 더 떠서 위대한 철학자는 방대한 저서를 쓴다. 짧은 텍스트로 만족하는 자는 불행할지어다! 그의 사상은 짧다고 평가받을 것이다. 가벼운 양은 당연히 가벼운 사상을 증명하는 것이다.

반면 방대한 양은 무게 있는 사상을 암시한다. 대중은 많은 자리를 차지하는 거대한 저서, 기념비적인 작품을 원한다. 읽으려고 하는 것일까? 아니다. 8절판 책으로 제본되어 여러 편으로 구성된 방대한 분량의 저서들이 수십 킬로미터에 이르는 서가 위에 정돈

되어 있다는 사실, 적어도 서가 어딘가에 진리가 존재하고 있다는 사실을 알고 있기 위해서이다.

드디어 신종 근대병이 출현한 것이다. 철학자는 저자가 되기를 원하고, 작가 콤플렉스에 시달린다. 세상의 인정은 책을 통해서 이루어지기 때문이다. 저서를 남겨야 한다. 여기저기 둘러보지 말고 한 우물을 파야 한다. 심각하고, 무게 있게, 효과적인 기술을 사용하여 비평가들에게 겁을 주어야 한다. 그러면 비평가들은 대중에게 겁을 줄 것이다. 이러한 상황에서 우리는 단거리 주자, 메모나 잠언의 전문가들이 동력해머의 지구력을 부러워하는 것을 보게 된다.

니체는 자신의 저서 『차라투스트라는 이렇게 말했다』에 대해서, "이번에는 비장의 대형 대포를 내놓았다"고 하였다. 그러나 우화적이고 웅변적인 두툼한 이 베르타(독일제 대형 곡사포의 별칭 − 옮긴이)가 결코 그의 저서 가운데 최고봉이라고 말할 수는 없다. 반규범적인 철학자였던 비트겐슈타인도 "작은 건포도 조각"밖에 쓰지 못하는 신세를 한탄하였다. 그렇지만 빈 출신이었던 그가, 큰 과자라고 해서 항상 더 맛있는 것은 아니라는 사실을 모르지는 않았을 것이다.

대개 철학자는 자그마한 책, 가벼운 내용의 적은 분량의 책, 허약한 자식, 애초부터 뭔가를 기대하지 않았던 책으로 명성을 얻게 된다.

쇼펜하우어의 영광은 『의지와 표상으로서의 세계』가 아니라,

짧은 저서 『여록과 보유』에서 시작되었다. 칸트가 유명해진 것은 『순수이성비판』으로서가 아니라 『숭고한 감정에 관한 관찰』 덕택이었다. 그의 옛 제자이자 철학자인 헤르더의 말을 인용하자면, "『순수이성비판』은 소화할 수 없는 무거운 작품이라고 여겨진다. 단적으로 말하자면 이해할 수 없는 책이다. 이처럼 무겁고 애매모호한 물건이 대체 어디에 소용이 있을지 참으로 알 수가 없다."

마르크스의 경우, 우리는 주로 적은 분량의 『공산당 선언』이나 기타 뛰어난 소책자들을 읽는다. 글쎄, 방대한 『자본론』에 대해서는……?

한 철학자의 저서 사이에도 신기한 작업 분리가 이루어져 있다. 두꺼운 책은 작은 책의 보증 역할을 한다. 『논리 철학 논고』라는 놀라운 작품을 저술한 철학자로 알고 있는 ─ 읽지 않고도 ─ 비트겐슈타인의 경우, 오히려 우리는 그의 '노트', '소견', '대화', 그리고 기타 '강의록'을 주로 읽는다.

사르트르의 경우, 한편에는 『존재와 무』가 버티고 있고 다른 한편에는 에세이 형식의 저서들이 있다. 전자 앞에서 우리는 경배를 올리지만 후자 쪽과 더 친근하게 지낸다. "우리는 큰 책을 존경하지만 작은 책을 읽는다"라는 고색창연한 라틴어 격언도 있다.

작은 책의 장점은 손에 잡히는 곳에 둘 수 있다는 점이다. 소책자들은 손안에 들어온다는 이유로 '핸드북'이라고 불리기도 한다. 지극히 실용적이었던 스토아 학파와 에피쿠로스 학파의 철학자들은 이처럼 휴대할 수 있는 지혜에 있어서 전문가들이었다. 그들은 구호나 간결한 표현에 남다른 재주가 있었다.

리키아(Lycia, 고대 소아시아 남서쪽 끝에 있던 지방 –옮긴이)에 있는 한 유적지에 폐허로 남겨진 벽 — 2세기경 한 부잣집 별장의 벽 — 위에는 에피쿠로스의 잠언들이 지금까지 남아 있다. 그 옛날 이 집 앞을 지나가던 모든 행인들은 에피쿠로스의 잠언을 만끽할 수 있었다. 각자 원하는 대로, 에피쿠로스의 그늘 아래 쉬어갈 수도 있었고, 아니면 그 위에 실례를 할 수도 있었다. 오늘날 "존재는 본질을 앞선다"라는 글귀의 벽보를 상상할 수 있을까?

고대 철학자들이 현대에 다시 산다면 아마도 노트북 컴퓨터를 몹시 좋아했을 것이다. 한편 번창하는 서적과 도서관의 난무는 그들을 슬프게 했을 것이다. 아, 에피쿠로스의 철학을 디스켓으로 읽을 수만 있다면! 그들의 잠언과 충고 그리고 요약들을 조그마한 조각으로 하나씩 떼어서 읽고 또 읽을 수만 있다면…… 그렇다면 외울 수도 있을 텐데.

고대 철학자들은 항상 작은 책을 썼다. 다행히 우리에게는 '포켓판' 서적이 있다. 이는 프랑크족 덕분이다. 책이라는 물건은 거들떠보지도 않던 민족이었지만, 그들은 기막힌 천재적 영감에 의하여 의복에 주머니를 부착하는 방식을 고안해 냈다. 반면 로마인들은 별 물건을 담을 수 없는 토가의 주름밖에는 생각해 내지 못했다. 하지만 그들은 머릿속에 엄청난 주름을 가지고 있어서 많은 글들을 기억하는 것으로 이를 보완했다.

스토아 학파의 명상(*meditatio*)은 박자도 없이 한없이 이어지는 사유가 아니었다. 그것은 규칙적인 정신훈련으로서, 시간 제한도 있었고 명상한 내용을 문장으로 꾸며서 큰 소리로 말하도록 되어 있었다. 명상해야 할 텍스트를 그 자리에서 이해하지 못하는 경우에는 다음날 다시 시도해야 했다. 그러고도 안되면 그 다음날…… 시간이 필요한 작업이었다.

데카르트가 자신의 저서『성찰록』의 독자들에게 충고하는 점도 바로 그것이다. 이 책은 단 하룻밤 사이에 읽어치우는 책이 아니다. 일단 덮어두었다가, 다시 읽고, 조금씩 천천히 독서하기. 탐식은 금물이다! 독서를 삼키면서 목이 막히지 않도록 해야 한다.

우리는 오랫동안 살아남을 작정으로 쓰여진 책들은 잊고, 불멸의 자격이 없는 책들은 보존한다. 1513년 출판되던 당시 아무런 반향도 일으키지 못했던『군주론』의 성공에 니콜로 마키아벨리 자신은 한푼도 내기를 걸지 않았을 것이다. 명성을 위해서라면 오히려 시와 우화, 콩트, 그리고 특히 희극에 중점을 두었다.

그런데 마키아벨리에게 영광을 선사한 책은, 진정한 철학서인 『티투스 리비우스에 관한 논문』이 아니라 간결하고 생동감 있는 문체로 서술한『군주론』이었다. 하지만 다양한 종류의 공국(公國)을 서술하는 데 할애된 초반부는 얼마나 지루한가! 군주는 꾀와 힘을 동시에 갖추어야 한다는 ─ 군주는 여우인 동시에 사자가 되어야 한다는 ─ 점을 일깨워주는 유명한 문장들, 끊임없이 우리가 인용하는 그 유명한 문장들은 17장과 18장에 가서야 만날 수 있다. 여하간에 상투적인 이 부분은 서구 사상의 결정적인 순간이라고 여겨져서 시험 감독관들이 즐겨 선택하는 인기 만점의 주제이다.

마키아벨리가 메디치가(家)를 염두에 두고 『군주론』을 저술한 것은 사실이다. 문학적 교양을 그다지 갖추지 못한 이 피렌체의 갑부 집안 메디치가를 마키아벨리는 "이탈리아의 진미"라며 아첨을 떨어야 했다. 그런데 후세 사람들은 왜 이러한 특정 상황 속에서 쓰여진 책을 철학의 영원한 명작으로 만들고자, 책 속의 그럴듯한 몇몇 문장과 문단 위로 돌진하였을까?

도서관에 갇힌 철학자들

모두가 경외감을 표하지만 절대로 건드리지는 못하는 성스러운 조각상같이 『자본론』은 기념비적인 저서의 표본으로 남아 있다. 그러나 이 책은 카를 하인리히 마르크스에게는 20년 동안이나 그를 징역수처럼 붙들고 있던 "부지깽이 같은 책나발"이었다.

1846년에 출판 예정이었던 이 책의 "4부분으로 이루어진 제1권 가운데, 3장으로 이루어진 제1부분의 제1장과 2장, 즉 초반 중의 초반"(아놀드 쿤즐리 인용)이 출판업자 던커에게 전해진 것은 1859년이었다. 그런데 우여곡절 끝에 마침내 제1권이 1867년에 출판되었을 때 세상의 반응은 너무나 냉담하기만 했다. 엥겔스(Friedrich Engels, 마르크스와 함께 『공산당 선언』을 발표한 독일의 사회주의자 - 옮긴이) 자신이 펜을 들고 다양한 가명을 써가면서 비평을 발표해야 했을 정도였다. 아무도 이 책을 읽지 않았다. 심지어 혁명운동권에서도 읽지 않았다. 사회민주당의 지도자였던 오토 웰스는 다음과 같은 일화를 전해준다.

"젊었을 때 나는 당 집회에 참여하기 위해서 아우구스트 베벨과 함께 예나로 가곤 했다. 기차를 타고 가면서, 나는 그에게 『자본론』을 이해할 수 없었으며, 처음 몇 쪽을 읽고는 포기했다고 솔직히 고백했다. 그러자 그는 '그런 일로 걱정할 것 없네, 오토. 나 역시 자네보다 더 읽지는 못했다네' 라고 대답했다."

한편 1851년에 엥겔스가 친구 마르크스에게 보낸 편지에 따르면, 마르크스와 엥겔스는 일단 그들의 목적을 달성했다고 볼 수도 있을 것이다. "중요한 사실은, 자네가 비중 있는 책으로 대중 앞에 첫선을 보이는 것이라네."

부인인 예니 마르크스가 전하는 바로는, "독일인들은 오로지 거대한 부피의 서적만을 신임하기 때문에 (……) 남편은 고의적으로 다량의 역사적 자료를 첨가했다"는 것이다.

칸트는 강의 중에 자신의 개인적인 사상이라고 할 만한 것에 대해서는 한마디도 벙긋하지 않았다. 그저 교재를 펼쳐들고 그 내용을 주해하기만 했다. 따지고 보면 그에게는 선택의 여지가 없었다. 칸트 역시 중세 이후의 모든 철학 교수들이 해오던 방식, 즉 참고문헌의 텍스트나 '위대한 고전 작품', 혹은 교재를 읽어 내려가며 애매한 부분에 대해서 설명을 곁들이는 렉티오(lectio) 방식을 그대로 따를 뿐이었다. 개인적인 주해나 독창적인 시각에서의 탐구 등은 설자리가 없었다. 그들은 철학을 가르치는 것이 아니라 철학을 '독해' 하는 것이었다(이러한 수업 방식을 기념하여, '강의'를 뜻하는 불어의 'conférence' 를 영어로는 'lecture' 라고 한다).

그러나 강의실에서 나와 손님들을 맞이하러 집으로 갈 때면 칸트는 개인적이고 자유로운 언어를 되찾았다. 식탁 주위에 함께 둘러앉은 자리에서 그는 세계와 사회에 대한 나름대로의 해석과 자신의 견해를 펼쳤다. 이처럼 그는 친구들이 인생을 살아나가는 데에 도움을 주었지만, 자신의 분석법이나 변증법, 그리고 선험적인 종합적 판단 등으로 그들을 불편하게 하는 일은 결코 하지 않는다는 철칙을 가지고 있었다. 그리하여 철학은 모든 문인들에게 개방되지 못하고 전문가, 대학교수, 현학자, 학교, 아카데미(남자들의) 등의 업무로 변하게 되는 것이었다.

결국 칸트 학파가 되기 위해서는 그의 강의를 들었어야 할 필요도, 그의 집 식탁에 초대받았어야 할 필요도 없다. 고대 '현자들'의 경우처럼, 아무리 그것이 간접적이고 전해들은 것이라 할지라도 강한 인상, 동참, 대화 등이 필요한 것도 아니다. 칸트 학파가 되고자 한다면 그저 책을 사서 읽으면 된다. '사상' 들은 바로 거기 책장 위에 흰 바탕에 검은 글씨로 나타나 있다. 칸트 혹은 글에 묶인 철학. 오늘날 우리는 아직도 이 수준에서 벗어나지 못하고 있다.

사르트르는 철학서를 저술할 때, 원고를 다시 읽어보는 일이 거의 없었다. 문체에 대해서도 별다른 배려를 하지 않았으며, 수정을 거치지 않은 초고 상태로 출판하였다.

"철학 분야에 관한 한, 나는 펜이 가는 대로 쓴다. 문장이 훌륭한가 아닌가는 전혀 중요하지 않다. 중요한 것은 사상이며, 나는 사상을 적어나갈 뿐이다. 원고 전체를 다시 읽을 필요는 없다. 물론 사상에 대해서는 재검토를 하지만 문체는 수정하지 않는다."

글쓰기에 관련한 모든 정성은 소설, 희곡, 단편소설 등 그의 문학 작품 속에 쏟아부었다. 기자들이 기사를 '싸듯' 그는 철학을 '쌌던' 것이다. 유감천만한 일이다! 철학이 아취(雅趣)와 부드러운 필체를 요구해서가 아니다. 그러나 철학은 정확한 목표물에 도달하기 위해 디자인된 탄알처럼 하나의 형태, 하나의 '스타일'을 필요로 한다. 목표물, 그것은 대중이다.

그리고 말의 작용에 적절한 힘과 방향을 주는 것은 바로 다름아닌 수사학(修辭學)이다. 이러한 개념은 오늘날에 와서 추방되고 거부되지만(소피스트나 견유학파 등으로 치부되어) 철학이라는 것이 때와 장소에 따라 특정한 청중에게 부합해야 하는 논증의 언어 ― 진리 발현의 언어가 아니라 ― 라면 반드시 복원시켜야 할 개념이다. 철학은 때에 따라 산문이나 시로(루크레티우스를 보라) 쓰여져야 할 것이다.(루크레티우스는 로마의 시인이자 유물론 철학자이다 ─옮긴이)

되는 대로 후딱 채워버린 철학 답안지를 제출함으로써 사르트르는 철학과 문학 사이의 경계를 다시 한 번 확인시켰다. 이처럼 스승들이 가르친 바를 그대로 따르는 입장은, 디드로나 발레리 혹은 치오란처럼 불행히도 개성적인 양식과 학자연(學者然)하지 않는 필체를 가진 철학자들의 저서를 문학 코너의 서가로 넘겨버리는 애석한 결과를 초래한다.

크라테스(Krates, 그리스의 철학자 – 옮긴이)는 아테네 시민들을 좀 더 효과적으로 불러세우기 위해서, 욕설 분야에서는 둘째가라면 서러워할 매춘부들에게 욕설을 던지는 것으로 훈련을 시작했다고 한다. 옛날에는 철학자들의 언어가 지금보다 훨씬 더 다양한 색채를 띠었다. 대화, 비방, 서신, 일기, 장엄한 연설, 시, 우화, 성명서, 잠언, 그리고 욕설도 있었다!

오늘날 학교에서 가르치는 철학은 논설 작문, 구문 해설과 강의, 시험이라는 단 세 가지의 표현 방식을 가지고 있다. 특히 이 시험이라는 방식은, 모범답안지를 작성할 수도 있고 답안지를 간단히 채점할 수도 있으니 참으로 장점만 갖춘 것이 아닌가. 대입고사 철학 과목 문제로 잠언만을 사용하여 처리해야 하는 주관식 주제가 주어진다고 상상해 보라. 또 대학교수 자격시험의 구술시험에서 욕설로 시험을 치른다면 어떻겠는가? 혹은 모든 지원자들에게 시험보기 두 달 전부터 외투와 바랑 그리고 지팡이로 이루어진 견유학파의 의상을 걸치도록 하고 세수, 면도, 빗질, 이 잡기 등을 금지한다면 어떨까!

니체가 고백하기를, "동료 대학교수들의 현학적 무지함으로부터 자신을 구해준 것은, 많은 양의 독서를 어렵게 만든 자신의 약한 시력 덕택이었다"고 하였다. 니체는 도서관과 논문으로부터 해

방되었다! 실명(失明), 그것은 지혜의 첫걸음이니, 더 이상 철학서
를 읽지 않게 되는 순간 드디어 진정한 철학의 세계에 들어서는 것
이다.

철학서 속에 갇힌다는 것은, 어느 정도의 시간이 흐른 후에는 —
어느 정도의 나이에 이르면? — 더 이상 생각을 하지 못하게 된다
는 의미이기도 하다. 제본기의 장벽 뒤로 몸을 감추기, 자기 자신
의 사상을 발표하는 일을 피하기 위해서 다른 저자들을 인용하기,
논거를 휘두르며 싸우는 일을 피하기 위해서 참고문헌을 휘두르
며 싸우기, 지금 자신이 자기 인생을 살고 있다는 것을 잊기 위하
여 전기를 집필하기, 도주하기 위하여 책을 읽기…….

말없는 보배, 공동의 고독 속의 오아시스이기도 한 도서관은, 동
시에 거짓 꾸밈과 자기 기만의 장소이기도 하다. 도서관은 현명하
게 사용할 줄 알아야 한다. 너무 늦기 전에 일찌감치 도서관에서
나올 줄도 알아야 한다. 그들이 게을렀던 탓인지 혹은 방심한 탓
인지, 철학자들은 그만 도서관 안에 갇혀버렸다. 그들은 도서관의
열쇠도 잃어버렸다. 철학자들이여, 어서 도서관에서 나오든지, 아
니면 그 안에서 죽어버리시오!

4 철학자와 여인들

사르트르와 보부아르, 그 밖의 여인들

　사르트르의 저서 『존재와 무』는 공식적으로 비버(시몬 드 보부아르의 별칭)에게 헌정되었다. 그러나 그 가운데 2부는 다른 여성에게 바치는 헌정사와 함께 별쇄되었다. 이런 식의 곡예라면 사르트르는 이력이 나 있었다. 그는 휘말리는 소용돌이를 재주껏 제어하면서 일부다처의 독신생활을 뛰어난 기교로 이끌어나갔다. 만남, 휴가, 전화통화, 방문, 사랑의 회전목마 등은 치밀하게 계산되어 있었다.

　이 소용돌이의 중심에는 두건 쓴 시몬 드 보부아르가 버티고 있었다. 일개 애인에서 지상의 반려자로 승격한 그녀는 사르트르의 삶 위에 군림하고(다스리지는 못하므로) 그의 연인들이 펼치는 발레

의 흐름을 감시하려고(통제할 수는 없으므로) 애쓰고 있었다. 사르트
르와 보부아르 사이에는 "모든 일을 다 터놓고 이야기할 것"이라
는 모종의 합의가 이루어져 있었다. 명백함과 투명성! 원칙적으로
는 그랬다.

그런데 시간이 흐르면서 보부아르는 그들의 합의 뒤에 감추어
진 사악한 면을 깨닫게 되었다. 진실을 밝힌다는 구실 아래 사르
트르는 몇몇 연애담을 구체적으로 낱낱이 그녀 앞에서 풀어내는
것이었다. 그런 이야기에 신물이 난 보부아르는 더 이상 속속들이
듣고 싶어하지 않았다. 그래서 사르트르는 그 밖의 연애를 침묵
아래 지나갈 수 있었다.

사르트르의 어머니, 슈바이처 집안에서 태어난 멩시 부인은(젊
어서 과부가 된 그녀는 재혼했다) 사르트르 인생에서 유일하게 참된
여성이었다. 그녀는 오랫동안 아들과 함께 살았다. 또 아들은 종
종 어머니를 모시고 휴가를 떠나곤 했다. 어머니 옆에서 촬영된
'풀루'(장 폴 사르트르의 애칭 — 옮긴이)는 그 어느 때보다 빛을 발하
는 모습이었다.

사르트르는 키도 작고 애꾸눈에 머리칼도 듬성듬성했지만 상당
히 매력적인 남자였다. 그의 금속성의 목소리와 유머 감각, 여유,
배려심 등은 여성들을 매료시켰다. 그 또한 여성들과의 대화가 남
성들과의 대화보다 훨씬 흥미롭다고 여겼다. 그는 여성의 고뇌,
여성의 방황, '해변에 버려진 해파리의 노래'(여자들의 하소연을 뜻
하는 비유적인 표현 — 옮긴이) 등에 귀기울였으며, 여성을 구원하는

일에 기꺼이 나서서 활약했다. 또한 그는 식음을 전폐할 정도로 절망적이고 격한 사랑의 모험들을 겪기도 하였다.

한 예로, 사르트르의 구애를 2년 동안이나 거부했던 올가에 대한 열정 스토리가 있다. 여러 애인 가운데 한 명과 멀리 떨어져 지내게 되면 그는 한도 끝도 없는 긴 편지를 보냈다. 마치 어린아이가 엄마에게 보내는 편지처럼, 하루를 어떻게 보냈는지 시간별로 낱낱이 고해 바치는 내용이었다. 그는 한 명의 애인도 잃기를 원하지 않았으며, 한꺼번에 네 명의 애인까지 거느렸다는 기록도 있다. 그는 단 한 명의 여인은 자신을 노예로 만들지만, 여러 명의 애인은 자신을 해방시켜 준다고 믿은 모양이었다.

건강이 악화되어 가면서(68세에 그는 완전히 장님이 되었다) 사르트르는 자신이 여인들의 소유물이 되어가고 있음을 느꼈다. 식사를 하기 위해서도 여자가 필요했고, 고기를 자르는 데에도, 하물며 화장실 출입을 위해서도, 모든 일에 여인의 도움이 필요했다. 게임을 이끌어가는 자는 더 이상 그가 아니었다. 이러한 상황의 타개책으로 그는 새로운 생활방식을 고안한다. 낡아빠진 몸이야 여자들에게 맡긴다 해도 좋다. 그렇지만 정신은? 자유를 누리기 위해서 사르트르는 누군가의 힘을 빌리기로 작정한다.

그리하여 베니 레비라는 청년이 그의 독점적인 대화 상대로 등장한다. 모택동주의 추종자인 이 젊은이는 사르트르의 저서들을 사르트르 본인보다 더 잘 알고 있었다. 늙은 철학자는 젊은 비서에게 반말을 사용하도록 했다(보부아르조차도 아직 존대어를 쓰고 있었다). 매일 아침 베니 레비는 비몽사몽간의 사르트르를 자리에서 끌어내어 윤리, 종교, 정치 등에 대해서 여러 시간 동안 토론을 했다. 사르트르의 주변을 지키는 대가족의 눈에는, 드디어 사르트르가 쇠망의 길을 걷기 시작했으며, 유태교를 설파하는 이 젊은 좌경 비서가 늙은이를 그릇된 길로 끌어들이고 있다고 생각했다.

그러나 사르트르는 새로운 전환을 두려워하지 않았다("비버까지 포함해서 아무도 나의 사상의 흐름을 이해하지 못하고 있다"). 사실 『탈무드』와 『토라』(Torah, 유대교 율법. 『모세 5경』이라고도 부른다 – 옮긴이)는 시몬 드 보부아르의 지식 영역에 속하는 것이 아니었다. 여하간에 정신을 자극하고 고무하는 젊은 비서 베니 레비가 아니었다면, 만년의 사르트르는 숨어서 술이나 마시는 자제력 없고 보잘것없는 늙은이로 전락했을지도 모른다. 그는 아직 자신에게 남아있는 온갖 힘과 모든 방법을 동원하여, 소위 그가 잘되기만을 바란다는 모든 여인들에게 저항했던 것이다.

성 아우구스티누스와 두 여인

성 아우구스티누스의 생애에는 두 명의 여인이 있었다. 그들은 둘 다 높은 교육을 받지도 못했고, 그리스어나 라틴어는 물론 글이라는 것은 전혀 깨우치지 못했다. 첫사랑은 어머니 모니카였다. 그리고 두 번째 사랑은 카르타고의 꽃파는 아가씨였다. 아우구스티누스는 그녀의 이름을 밝히기를 꺼렸기 때문에 이름은 전해지지 않고 있다. 우리의 성자는 이 무명의 여인과 14년간 살면서 아이까지 하나 낳았지만, 존경받는 기독교인의 이미지를 흐린다는 이유로 그녀의 이름을 역사에서 지워버렸던 것이다. 그래서 우리는 꽃파는 아가씨를 "이름없는 여인"이라고 이름붙이게 되었다.

371년, 17세의 아우구스티누스가 카르타고에 도착했을 때, 그 자신의 표현을 그대로 빌리자면 카르타고는 "쾌락의 도가니"였다. 그는 황홀한 마음으로 도시의 분위기 속으로 빠져들었고, 이름없는 여인과 사랑에 빠져 그녀와 살림까지 차리게 된다. 그리고 나서는 철이 들었다. 그는 성실하게 공부에 전념했고 수사학 교수가 되었다.

카르타고에서 200여 킬로미터 떨어진 타가스테에 있던 그의 어머니는 이러한 소식을 듣고 치를 떨었다. 아들을 향해 웅대한 희망과 야심을 불태웠건만 아들은 길거리 처녀를 쫓아다니며 타락의 길을 걷고 있다는 것이 아닌가! 더구나 당시에 한창 유행하던 마니교로 개종까지 했다는 것이었다.

독실한 기독교인, 아니 아예 성당에 가서 사는 골수 신자였던 모니카는 이 소식을 듣는 순간부터 오직 하나의 일념으로 머리를 가득 채우게 된다. 그것은 아들의 마음에서 애인과 이교라는 두 가지 오점을 제거해야 한다는 것이었다. 기독교인임에는 의심의 여지가 없는 그녀였지만 아프리카 식의 기독교인이었던 모니카는 기독교에 대해 나름대로의 생각을 가지고 있었다. 훗날 이탈리아에 정착한 후에도 그녀는 성자들의 묘지에 수프와 빵 그리고 희석하지 않은 포도주 등을 바쳤다.

아우구스티누스 역시 야망이 있었다. 이 정력적인 젊은이는 애인과 함께 보따리를 들고 로마로 향하는 배에 오름으로써 어머니의 손아귀에서 벗어나려고 시도했다. 카르타고여 안녕! 그런데 모니카는 제국의 수도까지 그들의 뒤를 쫓아왔다. 그리고는 아들을 설득하여 '이름없는 여인'을 고향 아프리카로 돌려보내는 데 성공한다. 아마 그 사이 기독교적 사고에 다소 물들었을 이교도 애인은 쫓겨가는 귀향길의 배에 오르면서 앞으로 어떤 다른 남자도 가까이하지 않겠다고 맹세했다.

한 가지 덧붙이자면, 그녀는 아우구스티누스와의 사이에서 얻은 아들 아데오타투스도 이탈리아에 두고 떠났다. 그녀는 남편도, 아이도 잃은, 그야말로 모든 것을 잃은 여자였다.

그리하여 385년 모니카는 완승을 거두었다. 그리고는 아들에게 손색없는 아내감을 물색한 끝에 밀라노의 부잣집 딸을 골랐다. 이 약혼녀에 대해서 아우구스티누스는, "그녀는 나이보다 돈이 더 많다"라고 고백했다. 아닌게 아니라 그녀는 고작 열 살밖에 되지 않았다. 아우구스티누스의 나이는 서른한 살이었다. 약혼녀가 성장하기를 기다리는 동안 그는 정부(情婦)를 두기로 결정했다. 훗날 그가 고백하기를, 자신은 도저히 독신생활을 견딜 수 없으며, 여인의 가슴 안에 파묻힐 수 없다면 한없이 불행할 것이라고 하였다.

모니카와 아우구스티누스, 이 세기의 모자 커플은 역방향의 오이디푸스 콤플렉스의 일례를 보여준다. 세월이 흐르면서 어머니의 아들에 대한 애착은 점점 더 심해졌다. 모니카는 아들의 육신을 낳았다는 것만으로 만족할 수 없었다. 아우구스티누스의 말에 의하면 그녀는 "나의 정신을 낳아야 한다는 강박관념"으로 번민하며 괴로워했다.

결국 아들은 32세에 기독교로 개종하면서 또 하나의 어머니, 즉 성모의 품안으로 도피한다. 그로부터 9년 후 그는 주교로 임명되었다. 뛰어난 커리어였다! 그리스어도 깨우치지 못한 사이비 문학 애호가이자 하급 공무원의 아들로 태어난 이 시골뜨기는 뜨거운 야망으로 영예의 최고봉까지 오르는 데 성공한 것이다.

그는 카르타고에서 상경하여 로마와 밀라노를 거치면서 교회의 큰 인물로 자리잡아갔다. "기독교인들의 진정한 어머니"라고 그 자신이 명명한 교회는 진정 진실된 어머니, 영원한 엄마였다.

이러한 성공을 이룩하는 데에는 아우구스티누스 자신의 의지만으로는 충분치 않았을 것이다. 그의 곁에 모니카가 있었기 때문에 가능했을 것이다. 모범적인 성모로서 그녀는 한순간도 경계의 고삐를 늦추지 않았다. 아들만한 지적 능력을 갖추지는 못했지만, 그녀는 성직자로서의 성공은 이승과 저승에서의 성공이라는 이중의 성공을 의미한다는 사실을 알고 있었던 것이다. 지중해의 어머니라면, 자식을 위해 그 이상 더 무엇을 바라겠는가.

마르크스와 예니 그리고 헬렌

혁명가, 국경을 초월한 선동가. 이러한 일생을 살기 위해서는 딸린 식구나 짐을 최소한으로 줄이고 최대한의 기동성을 확보해야 할 것이라고 우리는 생각하게 된다. 그런데 카를 마르크스는 이와는 정반대의 방법을 택하여 아내와 일곱이나 되는 자녀(그 가운데 셋은 어려서 죽었다) 등, 거추장스러운 짐들을 늘려나갔다.

그런데 놀라운 점은, 그가 그리도 애지중지하는 변증법을 자기 자신에게는 적용할 능력이 없었다는 듯, 혹은 세상만사에 적용되는 모순의 분석이 한 인간의 사적인 운명에만은 적용되지 않는다는 듯, 자신이 벌이는 일을 숙고해 보지도 않고 그 모순에 대한 원칙을 세우지도 않았다는 사실이다. 하여간에 예니 폰 베스트팔렌이라는 이름의 귀족 여인과 결혼함으로써 우리의 혁명가는 기막힌 기교로 모순을 실천하였다.

그녀는 트리에시(市)의 명문 자제의 아내감으로 적합한 여성이었다. 그런데 그녀는 유대인을 골랐다. 물론 신랑감의 집안은 좋았지만 ― 예니의 부친과 막역한 사이였던 마르크스의 부친은 변호사였다 ― 문제의 신랑감은 직업이 없었고 앞으로 뭔가 직업을 갖겠다는 마음도 그다지 없는 청년이었다. 그는 뒤늦게까지 학생 신분으로 머물면서 약혼 기간도 7년씩이나 질질 끌었다. 그건 사실이었다.

하지만 마르크스는 미남이었다. 그는 사상가들만이 가지는 독특한 매력을 풍겼다. 막연하게나마 일종의 모험을 약속하는 그런 청년이었다. 그런데 그들의 모험은 트리에에서 멀리 떨어진 곳에서 펼쳐졌다! 일찍이 그녀가 이러한 것을 깨달았더라면…….

가장은 직업도 없고 일정한 수입도 없었지만 마르크스 내외는 화려하고 안락한 생활을 영위하고자 했다. 일종의 '방랑자 지성인' 식의 부르주아였던 마르크스 가족은 대체로 찢어지게 가난했다. 그럼에도 불구하고 그들은 하급 프롤레타리아 가정에서처럼 자식들을 양산하였다. 불행하게도 그들이 경험하게 되는 유일한 출생 제한 방식은 적자생존이라는 자연법칙이었다. 강한 자식들만, 즉 일곱 명 가운데 결국 세 명만이(모두 여아였다) 살아남았다.

머지않아 부부는 딸자식들을 결혼시켜야 했다. 부르주아 가정과의 인연을 꿈꾸며, 예니와 마르크스는 비싼 비용을 들여 연회를 마련하는 일도 주저하지 않았다. 그러나 이 모든 지출의 성과로 그들은 기도 안 차는 젊은이들이 사위 후보로 등장하는 꼴을 보게 된다. 마르크스의 딸들은 하필이면 꼭 이민 혁명가들과만 사랑에 빠지는 것이었다. 그나마 돈이 좀 붙은 것 같다 싶으면 그때는 '유색인' 이었다. 로라의 남편 폴 라파르그는 카리브계 혼혈이었다. 마르크스는 노발대발하며 이 외국놈과의 결혼을 저지하려고 모든 수단을 ― 헛되이 ― 동원하였다! 아무리 그래도 그렇지, 체신은 지켜야 하지 않겠는가. 일레로, 마르크스의 동료 엥겔스의 애인 메리가 일개 노동자라는 이유로 예니는 메리를 집에 초대하는 것을 항상 거부했다.

여느 때처럼 『자본론』을 집필하기 위해 대영박물관의 도서관에 가려고 나서던 마르크스는 그날 집을 나설 수가 없었다. 도무지 신발을 찾을 수가 없었기 때문이다. 사실인즉, 그가 가진 단 한 켤레의 신발을 하녀 헬렌이 전당포에 잡혔던 것이다. "당최 끝날 것 같지도 않은 책이나 파고드는 대신에 가족들을 좀 돌보세요. 당신은 기껏해야 맨발의 거렁뱅이일 뿐입니다"라고 말하는 헬렌 나름의 방식이었다. 그러나 신발 한 켤레로 사람을 바꿀 수는 없는 법이다.

마르크스가 상상할 수 있었던 유일한 삶은 고대적 의미의 '여유로운' 삶이었다. 독서, 저술, 대화…… 사유에 있어서의 귀족……. 금전에 있어서는? 그것은 나중에 두고 볼 일이었다. 더욱이 거사는 내일의 일로 다가왔다. 모든 공산주의자 동지들과 마찬가지로 마르크스 가족에게도 프롤레타리아 혁명은 임박하며, 그들은 죽기 전에 약속된 땅을 보게 되리라고 굳게 믿고 있었다. 그날을 기다리는 동안에는 사막에서 살아남아야 했다.

그런데 어떤 방법으로? 그들은 친지들, 가족들, 특히 엥겔스 덕택에 살아남을 수 있었다. 재력이 있는 친구 엥겔스가 아니었다면 마르크스 식구는 일찌감치 굶어죽었을 것이다. 일생을 통해 마르크스는 누군가가 자신의 생활을 돌봐준다는 데에 일말의 의혹도 거부감도 느끼지 못했다. 결과는, 기름진 식탁과 말라빠진 빵, 더러운 아파트(딘 스트리트)와 화려한 저택(런던의 그래프턴 테라스)이 교대하는 생활이었다.

기왕 예니를 배신하는 김에, 이왕이면 집밖에서 일을 벌일 수도 있었을 텐데. 그런데 그렇게 하자니 너무 손쉽고 간단했다. 따라서 그는 생활을 진정 고달프게 만들기 위해서 중심을 겨냥했다. 충실한 하녀, 집안의 지주인 헬렌을 정부로 삼았던 것이다.

그녀는 "렌셴"이라는 애칭으로 불렸다. 예니의 모친이 젊은 마르크스 부부에게 선사한 하녀 헬렌은 금발에 날씬한 몸매를 가졌으며, 빛나는 푸른 눈동자와 넓은 이마, 그리고 이지적인 턱을 가졌다. 그녀는 영리한 여성이었다. 말년에는 엥겔스가 그녀를 거두어 국제노동자동맹의 비서실에서 자신을 보좌하게 하였다.

1851년 헬렌이 임신을 했다. 언제나 마르크스의 뒤를 보아주는 충실한 친구 엥겔스, 여기저기 연애사건을 뿌리고 다니는 것으로 널리 알려진 엥겔스는 마르크스의 압력을 받아, 이 아이의 아버지를 자처하겠다고, 그리고 아이를 인지(認知)하겠다고 수락했다. 그들은 이 이야기를 훨씬 그럴듯하게 보이기 위해서 아이의 이름도, 아버지라고 나서는 인물과 동일하게 프리드리히(프리드리히 엥겔스의 이름 – 옮긴이)라고 지었다.

반세기가 지난 후에야 마르크스주의 역사는 아이의 진짜 아버지가 마르크스라는 사실을 인정하였다. 그런데 1970년대까지도, 카를과 예니 부부의 오점 없는 명예를 구하고자 한 추종자는 "그들의 애정이 겪어야 했던 배신은 오로지 비참한 생활고 때문이었다"고 신실하게 기록했다. 마르크스가 보릿고개에 지쳐서 한순간의 방황에 희생되었다는 말인가?

그런데 실상 마르크스와 헬렌의 관계는 지속적인 것이었으며 마르크스의 가정은 3인조가 이루어내는 살림이었다. 한때는 여덟 명의 식구가 콩나물시루같이 끼어 살기도 했던(부부, 헬렌, 네 자녀, 유모) 런던 딘 스트리트 28번지의 두 칸짜리 좁은 아파트에서 한 남자의 아이를 가진 두 여인이 함께 생활했던 것이다. 출산 후 헬렌은 선택의 기로에 서게 되었다. 아이를 양육하느냐, 아니면 마르크스 가족을 계속 섬기느냐. 그녀는 주인님 옆에 남기로 결심하고 프리드리히를 입양시켰다. 마르크스와 예니, 그리고 노동자운동의 명예는 살아남은 것이었다.

그런데 엥겔스의 친부설에 가족들이 모두 속아넘어갔을까? 예니는 전혀 눈치채지 못했을까? 마르크스는 아내가 "거의 광기를 드러냈기 때문에" 아내로부터 멀어졌다고 말한 바 있다. 그런데 실은 상황을 파악한 그녀가 광분했던 것은 아닐까.

1881년 예니가 66세를 일기로 사망한 후, 헬렌은 중병에 시달리는 마르크스를 돌보며 그가 사망하는 1883년까지 그의 곁을 지켰다. 아이들에게는 제2의 어머니였고 가장에게는 제2의 아내였지만, 집안 살림에서는 제1의 조종사였던 그녀는 마르크스를 벌벌 떨게 한 유일한 인물이었다. 그녀는 그의 약점을 손바닥 보듯 알고 있었으며, 그러한 그를 꼭두각시처럼 조종하였다.

프롤레타리아의 일원으로, 마르크스주의의 세계에서 실제로 권력을 행사한 유일한 인물, 헬렌 데무트는 그러한 여인이었다.

니체와 루 살로메

1882년 4월, 니체는 스물한 살의 금발 러시아 여인 루 안드레아스 살로메를 로마에서 처음 만났다. 당시 그녀는 어머니와 함께 유럽을 두루 편력하고 있었다. 그들이 처음 만난 자리에서 니체는 이렇게 과장되게 인사했다. "우리 둘은 어느 행성에서 떨어진 것일까요?" 미리 준비해 둔 것이 분명한 미문이었다. 몇 시간 후 그는 그녀에게 청혼한다. 어리숙한 독신자 니체만의 구애 방식, 아니 구애의 기회를 놓치는 그만의 방식이었다.

6년 전 이미 그는 제네바에서 마틸드 트람페다흐라는 여인에게 같은 방식으로 시도한 적이 있었다. 그런데 루의 경우에는 또 한 가지 실패의 요인이 있었으니, 그것은 루에게 연정을 가지고 있는 독일 철학자이자 최대의 요주의 인물인 폴 레(Paul Rée)를 연애의 메신저로 삼았다는 것이다.

니체는 루를 보는 순간 사랑에 빠졌다. 그녀의 육체적 매력에 빠진 것이었다. 그러나 이처럼 불을 보듯 명확한 사실에도 불구하고 그는 그녀가 아름답지 않다고 친구들에게 떠들고 다녔다. 하지만 막상 루의 모습을 본 사람들은 입을 모아 정반대의 사실을 말했다. 그런데도 니체는 그녀의 육체적 매력이 위협적인 것이라고 여긴 듯, 루에게서 지적 매력 이외의 것은 인정하려 들지 않았다. "그녀는 모든 여성 가운데 가장 지적인 여성이다"라고 반복하면서 스스로의 알리바이를 찾으려 했다.

그녀가 아름다운 눈을 가졌다고 그녀에게 한마디 던질 용기가 과연 그에게 있었을까? 육신을 찬양하고 기독교식 금욕주의를 타개하던 이 철학자는 육체의 전율과 관능을 받아들일 용기가 없었다. 루와 나눈 이론적 대화들은 애정 어린 밀어를 가리기 위한 병풍 역할을 했다.

한편 루도 니체와의 관계에서 실속을 차렸다. 니체와 함께 철학에 관한 대화를 나눈다는 것은 그녀에게 큰 도움이 되었기 때문이다. 그녀는 딱딱하고 과장된 문체에, 행동거지에 순발력이라고는 손톱만큼도 찾아볼 수 없는 지극히 '독일적인 교수' 니체에게 연정을 느낀 적이 결코 없었다. 굳이 말하자면 그에게 탄복했을 수는 있을지언정 그 이상은 아니었다.

그들의 관계는 니체가 그녀를 제자로 삼겠다고 할 때부터 악화되기 시작한다. 루의 취향에는 그다지 맞지 않는 제의였던 것이다. 당시 그녀는 남자들과의 관계에서 특이한 방식을 취하고 있었다. 결혼도, 동거도, 연애도, 사랑의 정열도 거부하고, 이성적인 관계는 전혀 배제된 애매한 관계만을 구하고 있었던 것이다. 그녀가 두 구애자 폴 레와 니체에게 제의한 것은, 순수한 정신의 공동체, 철학의 삼인조 등이었다. 결국 그녀의 희망은 실현되지 못한다. 단 한 순간을 제외하고는. 그것은 스위스의 한 사진관에서 사진을 찍던 순간이었다. 이 사진에서 우리는 수레의 채에 묶여 있는 두 남자와 마부처럼 서서 손에는 채찍을 들고 있는 루의 모습을 볼 수 있다.

당연히 니체는 루와의 이중주, 둘만의 만남을 선호했다. 하지만 그것은 하늘의 별따기였다! 더군다나 그들의 관계는, 젊은 여자는 가족의 일원이 아닌 외간남자와 단둘이 외출할 수 없다는 등의 당시 사회규범에 발목이 잡혀 있었다.

어느 날 둘이서 몬테 산토를 오르는 산책 중에 루는 그에게 입맞춤을 허락했다. 니체가 그녀의 입맞춤에서 헤어나기까지는 수년이 걸렸다. 그후 루가 바이로이트에서 몇몇 장교들과 연애를 하는 기색이 보이자, 그는 몹시 노여워하며 그녀를 견책했다. 그러자 그녀는 니체의 권리 행사에 대해서 대경실색하게 된다. 그것은 절교였다. 배신당했다고 여긴 니체는 그녀의 "고양이 같은 이기주의"와 "인간관계를 기타 다른 쾌락과 마찬가지의 것으로 여기는 방식"에 대해서 비난하고 나온다.

이 부분에 대해서는 사실 그가 똑바로 보았다. 루에게 있어서 철학이란 '해방된' 젊은 여인으로서의 귀중한 자아를 계발하는 하나의 방법에 불과했던 것이다. 한편 그녀의 입장을 해명하자면, 그녀로서는 '치마 입은 차라투스트라'라는 가당치 않은 역할을 할 생각이 추호도 없었다. 그녀의 관심은 철학으로 최대한 가까이 접근하는 데에 있었다. 그러나 그것은 그녀 나름의 방식으로 접근하는 것이었다. 즉 고양이처럼 몸을 비비는 것으로 충분했던 것이다.

그들의 짧은 이야기가 담고 있는 니체의 모순적인 태도에는 니체의 한 외침이 들어 있다. "앞으로 당신이 내게 주는 충고는 훌륭한 충고일 것이므로 나는 더 이상 두려워할 필요가 없을 것이다" 이 무슨 고백인가! 그는 무엇이 두려웠던 것일까? 니체의 고뇌는 어쩌면 바로 거기, 그의 자학주의에 있는지도 모른다. "여자를 찾아갈 때면 채찍을 잊지 말라"는 그의 문장에서 대개 우리는 여성 혐오주의만을 읽는다. 그러나 중요한 것은, 채찍이 누구 손에 들려 있는가 하는 점이다.

스위스에서 찍은 사진에서 채찍을 쥔 사람은 루였다. 이 사진을 잠시 주의하여 살펴보자. 채찍으로 보이는 것은 사실 꽃으로 장식되고 가느다란 줄이 매달려 대롱거리는 막대기에 불과하다는 것을 알아차릴 수 있다. 이것으로는 고양이 한 마리, 철학자 한 명도 두드릴 수 없을 것이다. 니체는 과연 두려워할 필요가 있었을까? 그들의 러브스토리가 막을 내린 후 왜 그의 마음은 갈기갈기 찢기고, 상처받고, 죽도록 머리가 돌아버렸을까?

루소와 테레즈 그리고 다섯 아이들

장 자크 루소는 자식을 모두 고아원에 버렸다. 다섯 명의 자식, 다섯 번의 버림! 단 한 번의 예외도 없이 뛰어난 일관성을 보여주었다! 버림받은 루소의 어린 자식들이 훗날 성장했을 때, 역사의 우연은 그들로 하여금 어떤 도서관 안으로 들어가게 하고 ─ 혹시 아는가? ─ 당시 유행하던, 예를 들면 이상적인 교육에 대해서 루소가 쓴 화제작 『에밀』 같은 책들을 그 자리에서 감상하거나 혹은 대여하여 읽도록 했을지도 모른다. 고아원의 기록을 근거로 루소의 아이라고 추정되는 조제프 카트린 루소와 마리 프랑수아즈 루소 두 사람도 이 책을 읽었을지 모른다.

당시에는 부모가 자식을 버릴 때, 나중에 형편이 풀리면 아이를 다시 찾을 수 있도록 아이의 성을 그대로 두는 경우도 있었다. 그런데 루소는 나중에 다시 데려온다는 해결안에 대해서 다섯 번 가운데 단 한 번도 고려해 보지 않았다. 아무리 훗날 그가 자신은 아이를 버린 적이 없다고 주장해도 말이다. 어떤 의미에서 그의 주장은 옳다. 아이들을 '회전문'으로 데리고 가서, 병원 회전문의 주름 장치 위에 놓고, 아무도 보는 사람이 없는 틈을 타서 버리고 온 장본인은 틀림없이 아이들의 어머니 테레즈 르바쇠르일 것이다. 그녀는 안도의 한숨을 내쉬었을까? 아니면 주저앉아서 울었을까?

문제의 다른 쪽 절반은 그녀에게 있다. 테레즈 르바쇠르는 분명 자기 자식들을 거두어 키우고자 했을 것이다. 루소가 뭐라고 둘러대건 간에, 그가 하고자 하기만 했다면 얼마든지 그는 아이를 키울 경제력을 가지고 있었다. 그러나 결코 두둔할 수 없는 '장 자크' 쪽에서만 그 원인을 찾지 말고, 1746년 34세의 루소가 만난(테레즈는 25세였다) 이 가여운(재정적으로 또 정신적으로) 여인이 대체 어떤 독재자의 어떤 강요에 의해서, 혹은 어떤 족쇄에 시달려서, 따뜻한 꾸러미를 팔 아래에 끼고 병원을 향해 다섯 번이나 집을 나서게 되었는지, 무엇이 그녀를 그렇게 하도록 만들었는지 살펴보아야 할 것이다.

루소에게 복종하기 위해서였을까? 아니면 길거리에 나앉을까 두려워서였을까? 그런 이유도 있었다. 그러나 한편으로 어머니 카트린 르바쇠르에 대한 두려움 때문이기도 했다. 억센 여장부에다 머리가 잘 돌아가는 카트린 르바쇠르는, 유명한 작가인데다 왕궁에도 출입하고 최고 인사들의 총애를 받는 이 '사위'가 어떤 노다지인지 단번에 알아챌 만큼 영리했다.

1750년 루소가 갑부 뒤펭의 비서로 일하게 되어 테레즈와 함께 그르넬 생 오노레가(街)에 정착하자, 르바쇠르 일가는 이들 부부의 집에 얹혀살고자 재빨리 달려왔다. 적지도 않은 부대였다. 10여 명으로 구성된 이 무서운 빈대 부대를 두고 루소는 "굶주린 자들"이라고 표현했다. 1751년 12월 루소가 가지고 있던 고급 셔츠 한 세트가 도난당했다. 그러나 루소는 소송을 원치 않았다. 절도의 장본인은 다름아닌 아내 테레즈의 사촌이었기 때문이다.

다시 '회전문'으로 돌아가자. 버려진 아이들 가운데 적어도 한 명, 어쩌면 두 명은, 훗날 되찾을 수 있도록 가족의 성을 명시하였다는 것을 우리는 알고 있다. 카트린은 분명 딸에게 그렇게 말했을 것이다. '훗날'이라고. 만약에 그들이 자기 아이들을 새끼 고양이처럼 익사시켰더라면 테레즈는 영영 떠나버렸을지도 모른다. 그런데 그녀가 어디로 갈 수 있었을까? 당시 유럽은 엄청난 기근에 시달리고 있었다. 루소 자신이 전하는 한 일화를 상기해 보자.

1739년 레 샤르메트(사보이 지방에 있는 바랑스 부인의 저택. 1736년부터 1740년까지 루소가 거주하였으며 현재는 루소 박물관이 되었다 — 옮긴이)에서 바랑스 부인은 하인 두 명의 몸을 수색하게 하였다. 그런데 그들의 주머니에서 엄청난 노획물이 발견되었으니, 한줌의 제비콩과 밤 그리고 빵이 나온 것이었다. 굶주림……. 그렇다, 어디로 갈 수 있겠는가? 테레즈에게 유일한 미래는 루소의 집뿐이었다. 매번 임신할 때마다 그녀는 이번에는 아이를 남겨주겠지 하는 희망을 가졌다. 그런데 그게 아니었다. 루소에게는 아무 말도 통하지 않았고, 어머니 카트린도 루소 못지않은 고집불통이었다. '굶주린 자들'에게 입이 하나 더 불어난다는 것은 자기 뱃속에 들어가는 공기밥이 줄어든다는 것을 의미했다.

한편 만년 환자였던 루소에게 있어서는, "골칫거리 조무래기들"(그 자신의 표현)의 출현은, 세월의 흐름과 함께 자신이 조금씩 하녀이자 내연의 처인 동시에 간호원으로 만들어갔던 테레즈가 자신에게 쏟는 배려가 줄어든다는 것을 의미했다. 게다가 루소는 절대로 그녀와 결혼해 주지 않았으며 ─『고백록』에서 주장하는 바와는 반대로 ─ 고작해야 혼인 비슷한 사이비 의식을 치렀을 뿐이었다.

그는 단 한 번도 그녀를 동반자로 대접해 주지 않았다. 귀족임에도 불구하고 루소와 같은 선입관을 공유하지 않는 친구들을 초대한 식탁에도 그녀를 합석시키는 일이 결코 없었다. 디드로 내외도 한 쪽이 매우 기우는 커플이었다. 하지만 배운 것도 없고 출신도 시원찮은 디드로의 아내 투아네트도 테레즈와는 다른 대접을 받았다. 룩셈부르크 공작부인이 테레즈에게 화장품 세트를 선물하고자 했을 때, 그리고 국왕이 위대한 루소의 동반자에게 연금을 개설하려고 했을 때, 루소는 번번이 노여움을 표했다. 화장품이라니! 연금이라니! 그들은 나를 무엇으로 보는가? 내게 모욕을 주고자 하는가? 그는 이 모든 것을 거절하였다. 테레즈만 불쌍하게 된 일이었다.

민감한 성격의 루소에게 중요한 일은 "누추한 우리 살림"이라고 그 자신이 부르는 가정 안에서 균형을 유지하는 일이었다. 살짝 애정을 느끼게 해주는 표현 "누추한 우리 살림". 실제로 그의 살림은 장모 르바쇠르가 휘두르는 권력 아래 기막히게 이루어지던 누추한 살림이었다. 자유의 기수이자 교훈 주기를 즐기던 루소로서는 진정 고백하기 어려운 족쇄였을 것이다. 루소의 영광을 위해서는 참으로 다행스럽게도, 거의 글을 모르던 테레즈는 한 줄의 회고록도 남기지 않았다.

알랭, 불문율을 깨다

1902년 에밀 사르티에(일명 '알랭')는 파리에 교수로 임명되어 루앙을 떠나게 되었다. 그는 루앙시 여자사범학교 교장으로 있던 애인 모니크 모르 랑블렝에게 청혼을 했다. 썩 내키지는 않았지만 우리가 결혼하면 그녀도 파리에서 가르칠 수 있을 것이라는 등의 여러 가지 행정적인 논거를 들어가면서 입을 열었던 것이다.

그런데 그녀는 초연하게 그의 청혼을 거부했다. 애인이라기보다는 오히려 어머니의 입장을 고수했던 그녀는 후에 이렇게 말했다. "나는 그가 큰일을 하기를 바랐다." 남편이란 존재는 철학자를 간단히 죽일 수 있다는 것이었다. 사실 이 점은 알랭 자신도 생각하던 바였다. 그녀의 거절은 그의 마음을 가볍게 해주었다. 그는 마메(모르 랑블렝 부인의 별칭. 노르망디 방언으로 '어머니'를 의미한다)에게 이렇게 답하였다. "당신의 편지는 나의 마음을 해방시켜 주었소."

현대판 엘로이즈와 아벨라르 이야기인가? 주인공들의 감정은 똑같지 않지만, 중세 이후로 결론은 변하지 않았다. 철학자가 되려면 아내를 가져서는 안 된다! 이는 절대적인 금기 사항이었다! 어머니, 조언자, 조언자이자 엄마, 그것은 좋다. 그러나 그 외에는 아무것도 안된다.

결혼을 포기함으로써 알랭은 스승 줄 라그노의 가르침을 그대로 실천하였다. 당대 지성을 대표하는 인물이었던 라그노는 철학 교수들에게 독신을 권하였다. 육신을 위해서는 사랑을 전문으로 하는 전문직 종사자들이 있었으니, 이들을 찾아가는 알랭의 마음에는 조금의 거리낌도 없었다.

어느 날 그가 학생들을 상대로 '매춘부들에 대한 우리의 의무'에 대해 강의하고 있었는데, 라비에라고 하는 장학관이 예고 없이 불쑥 나타났다. 그 순간 알랭은 우리는 이 여인들을 존중해야 하며, 느끼지도 않는 쾌락을 억지로 연기하지 말라고 그들에게 청해야 한다는 이론을 한창 펼치는 중이었다. 젊은 학생들에게 완벽하

게 어울리는 주제의 강의였다. 라비에는 매우 정중하게 자기에게
는 신경쓰지 말고 강의를 계속하라고 요청했다. 또 알랭도 거침없
이 매춘부들에 대한 강의를 이어나갔다.

장학관은 페어플레이어였다. 얼마 후 알랭이 파리 콩도르세 고
등학교로 승진되어 전근하게 되었을 때 그는 아무런 반대 의사도
표명하지 않았다.

1941년 마메가 사망했다. 이미 몇 년 전부터 알랭은 가브리엘이
라는 이름의 젊은 여성과 동거생활을 해오고 있었다. 1945년 그는
가브리엘과 결혼한다. 새로운 시대, 새로운 철학이었다. 종교와
학계간의 묵계적 조약, 지식인은 교회나 대학하고만 인연을 맺을
수 있다는 중세적 불문율이 종말을 고하는 순간이었다. 교회와 대
학에 있어서 여성은 경쟁 상대였다. 1945년 드디어 여성이 승리했
다. 알랭이 결혼했다는 사실은 그 증거이기도 하다.

콩트, 실패한 연애들

이지도르 오귀스트 콩트는 1825년 2월 23일 안 카롤린 마생과
결혼했다. 그녀를 처음 만난 곳은 당시 파리의 '뜨거운' 유흥가이
자 우리의 실증주의 창시자가 즐겨 출입하던 팔레 루아얄 구역이
었다. 그녀와의 결혼은 따지고 보면 높이 사줄 만한 행동이었다.
결혼과 함께 이 아가씨는 파리경시청의 매춘부 목록에서 삭제될

수 있었기 때문이다. 그런데 예전의 고객은 선도자로서의 굳은 소명의식을 가지고 있었다. 그는 아내를 지혜의 세계에 입문시키고자 수학을 가르치기 시작했다.

그러나 남편이 제의하는 이성적 생활에로의 초대에도 불구하고 젊은 아내는 과거의 직업을 계속했다. 그녀가 꿈꾸어온 생활을 영위하기 위해서는 수학 가정교사 남편이 벌어오는 돈으로는 턱도 없었던 것이다. 카롤린의 직업적 불륜에 절망한 콩트는 센 강을 향해 돌진하여 강물에 몸을 던졌다.

얼마 후 그는 파리에서 20킬로미터 떨어진 몽모랑시의 한 여인숙에서 헛소리를 하는 모습으로 발견되었다. 에스키롤 박사의 주치 아래 파시병원에 입원한 그는 2년 후에 퇴원하였다. 아무도 흉내낼 수 없는 그만의 객설을 인용하자면, 그는 "정신적인 에피소드"라고 하는 광기에서 헤어난 것이었다. 그 동안 인정 많은 카롤린이 그를 간호했다.

콩트와 갈라서고 난 후, 카롤린은 매춘을 버리고 실증주의에 귀화하기로 결심한다. 명망 높은 학자 에밀 리트레(그 유명한 사전 편찬자)의 후원으로 실증주의 제자들의 대열에 합류하는 것을 허락받기까지 하였다. 결혼이라는 에피소드로부터 얻게 된 이 새로운 제자에 대해서 콩트는 한 번도 흡족하게 여긴 적이 없었다. 그에게는 인내심이 없었던 것이다! 그녀는 뒤늦게나마 훌륭한 제자로 성장하지 않았는가.

배불뚝이에, 짧은 다리, 검은색 옷을 걸친 수학 선생 콩트가 46

세의 나이에 29세의 클로틸드 드 보를 처음 만났을 때, 그는 실증주의 철학으로 파리의 일부 지식인 사이에서 조금씩 이름이 알려지고 있었다. 남편에게서 버림받고 친지의 집에서 살고 있던 클로틸드 드 보는 정숙하고, 가난하고, 풍만한 가슴을 가진 아름다운 여성이었다. 그녀는 시와 소설을 쓰는 데에도 약간의 자질을 가지고 있었다.

평소 콩트의 태도는, 자기에게는 자신 하나면 족하다는 듯, 공손함과는 거리가 멀었고 추종자들과도 악수하는 일이 거의 없었다. 거기다 웃는 법은 절대로 없었다. 그는 역사를 자신이 종착역의 역장을 지내는 철도(신학적 단계, 형이상학적 단계, 그리고 실증적 단계라는 세 개의 철도역을 가진)라고 보았다. 젊은 여인을 유혹할 재주가 없었던 그는 '과학적인' 논거로 상대를 설득하려고 시도했다.

콩트가 설명하기를, 자기와 동침하는 것은 그녀의 약한 건강을 위해서 더할 나위 없이 유익할 뿐 아니라("저의 과학적인 비유를 용서하십시오"), 그녀의 지능을 위해서도 큰 도움이 될 것이라는 설명이었다. 클로틸드는 설득당하지 않았다. 철학자와 정을 통하는 것이 지능지수를 높여준다는 논거를 받아들이기 어려웠던 그녀는, 콩트가 애써 준비한 미사여구에도 불구하고 그를 매춘부들에게로 보내버렸다. 그리하여 청승맞은 이 남자는 평생 매춘부들로부터 헤어날 방법이 없었다.

콩트와 클로틸드가 처음 만난 지 열 달 후에 클로틸드는 결핵으로 사망했다. 이제 콩트는 자신이 도저히 위로받을 수 없는 불행한 남자라고 굳게 믿고서 지난날 겪은 애정의 실패 스토리를 오히려 애정의 승리 이야기로, 우주적 이벤트로, 그리스도의 수난에 결코 뒤떨어지지 않는 하나의 수난으로 변형시켰다. 그는 몸도, 마음도("저는 제 본연의 모습으로 당신을 마주 대할 엄두를 한 번도 갖지 못했습니다"라고 그녀는 고백한 바 있다) 어느 것 하나 건드려보지 못했던 여인에 대해 일종의 신앙을 만들어낸 것이다.

1846년 4월 10일을 기점으로 이 날부터 이지도르 오귀스트 콩트(그는 자신의 두 번째 이름을 지긋지긋하게 싫어했다)의 일과는 자기 집안에 제단처럼 세워놓은 클로틸드의 안락의자 앞에서 무릎을 꿇은 자세로 40여 분 간 추도의식을 올리는 것으로 시작되었다. 새벽 5시 30분과 6시에 올리는 기도 외에도, 이 '인류의 대사제'는 매일 10시 30분에 '사랑하는 동반자'의 편지를 낭독하는 제식을 20분에 걸쳐 집행하였다. 실패한 자신의 연애담으로부터 그는, 마치 회계사처럼, 대체적으로 긍정적인 결론을 얻어냈다.

"완벽한 철학자가 되기 위해서 내게 결여된 것은, 나로 하여금 인간 본성의 애정적 측면을 충분히 평가할 수 있게 하는 어떤 정열, 심오한 동시에 순수한 정열이다."

데카르트와 헬렌

1634년 데카르트가 네덜란드에서 헬렌 얀스를 처음 만났을 때 그녀는 20세였다. 그녀의 용모가 어떠했는지 구체적으로 알려진 바는 없지만, 데카르트 자신이 사팔뜨기에 매력을 느낀다고 고백한 바 — 어린 시절 그는 프랑수아즈라는 이름의 '사팔뜨기' 소녀와 사랑에 빠진 일이 있었다 — 일단 헬렌에게 이 허구적인 특징을 부여해 보자. 그녀는 매력적일 만큼 살짝 사시기가 있었을 것으로 추측된다.

데카르트는 그녀와의 사이에서 딸을 하나 두었다. 사랑하는 조국이지만 가서 살고 싶지는 않은 조국 프랑스에 바치는 경의로 그는 딸에게 '프랑신'이라는 이름을 붙였다. 또한 아기는 헬렌의 나라이자 개신교의 나라인 네덜란드에서 세례까지 받게 된다. 여하간에 이렇게 해서 데카르트는 39세에 아버지가 되었다. 그러나 그에게 크나큰 즐거움을 선사한 딸의 탄생은 얼마 지나지 않아 끔찍한 고통을 수반하였으니, 1640년 어린 프랑신이 다섯 살의 나이로 죽었다. 데카르트는 뜨거운 눈물을 흘렸다.

6년 동안 이어진 헬렌과의 동거는 데카르트에게 비난의 빌미를 주었다. 위대한 데카르트, 페롱의 영주 데카르트가 서민의 딸과 살림을 차리다니! 네덜란드의 대학인들 사이에서 논쟁이 터졌을 때, 데카르트는 이들을 피하지 않고 정면으로 마주 대했다. 그는 헬렌의 존재를 감추지 않았으며 중상가들을 경멸했다. 데카르트는 자신의 삶에서 어떤 부분도 부인하지 않았다. 그는 왕실 여인들의 사랑을 받기도 하였고, 스웨덴의 크리스티나 여왕의 총애를 받았으며(아마 애인이기도 하였을 것이다), 보헴의 엘리자베스 공주와 다정한 서신을 주고받았다. 그리고 헬렌 얀스도 사랑했다. 양극단을 산다는 것, 이것이야말로 극단적으로 상이한 존재들을 사랑하는 것이 아니고 무엇이겠는가.

데카르트의 충성스러운 전기작가 아드리앙 바이에(Adrien Baillet, 『La vie de Monsieur Descartes』, 1691)는 그들의 사랑을 두고 "추락"이라고 평가했다. 그리고 우리의 철학자가 "여성을 용납하지 않는 완벽한 독신생활"을 되찾은 것을 매우 기뻐했다. 드디어 성 데카르트의 신화는 계속 이어지게 된 것이다. 사람들은 숭배 대상을 대중에게 제공하기 위해서 죽은 자를 꺼내어 단장시킨다.

레옹 프티라는 자는 "데카르트의 헬렌 얀스는 루소의 테레즈 르바쇠르이다. 그녀들은 천박하고 무식한 여자들이다"라고 말했고, 작가이자 정치가 모리스 바레스는 "아이의 어머니가 그렇게도 천박했기 때문에 데카르트의 슬픔을 함께 나눌 수 없었고 그래서 그는 크게 고통받았다"라고 당당하게 장담하면서 만족해 했다.

그러나 이와는 반대로 철학자 샤를 아당은 "데카르트가 자신의 아이와 그 아이의 어머니와 함께 살던 이삼 년 동안 쓴 서신은 그가 남긴 서신 가운데 가장 쾌활하고 밝았다"고 평한다. 데카르트의 『방법서설』이 헬렌과의 동거생활 기간 중에 저술되었다는 사실을 우연의 일치라고 치부할 것인가? 수많은 저서 가운데 백미가 수많은 여인 가운데 백미의 조력 아래 탄생한 것은 아닐까?

소크라테스와 크산티페

아내 크산티페는 남편 소크라테스로부터 감옥에서 쫓겨났다! "꺼지라니까!" 그래서 그녀는 남편의 마지막 순간을 지키지 못했다. 소크라테스의 주변을 지키던 제자들과 기타 참석자들은 소크라테스의 판단을 지지하였다. 그들은 그녀가 거기서 할 일이 아무 것도 없다고 생각했다. 그녀는 통곡과 울부짖음으로 위풍당당한 철학 토론회를 망치기만 할 뿐이었다.

'그만 시끄럽게 구시오, 크산티페! 번지수가 틀렸소. 벌써 장례식인 줄 착각하시오? 우리가 곡하는 장례 행렬이라고 생각하느냔 말이오. 당신 서방이 벌써 죽기나 한 것처럼 법석 떨지 마시오! 해는 아직 히메토스 산을 넘어가지 않았소. 아직은 절제된 언어로 최후의 순간에 의미를 부여해야 할 때란 말이오. 낭랑하게 울려퍼지는 대화의 시간이지, 훌쩍임이나 통곡의 때는 아니란 말이오.'

소크라테스의 친구라는 작자들의 생각은 대강 이러했다.

한편 소크라테스의 동아리에 속하지 않는 사람이었다면 사건을 어떻게 생각했을까? 그는 아마 크산티페를 쫓아냄으로써 소크라테스가 감정의 동요를 막은 것이라고 생각할 것이다. 소크라테스는 눈물을 흘리게 될까봐 겁이 났을 것이다. 그런데 결국에는 소크라테스도 아내를 붙들고 잠시 눈물을 흘린다. 그리고 나서 마음을 가라앉힌 후 의연하게 친구들, 즉 남자들과 토론을 재개했을 것이다. 그러면 남자들도 마른 눈으로 죽기를 원하는 불굴의 노인

옆에서 마침내 눈물을 흘리게 되었을 것이다. 소크라테스는 절대로 눈물을 보이지 않고자 하였던 것이다!

따지고 보면 소크라테스는 썩 그리스인답지 않은 인물이었다. 『일리아드』를 보면, 헥토르는 ― 그는 참으로 용맹한 전사였다! ― 안드로마케에게 마지막 작별을 고할 때 자제력을 잃고 무너지듯 눈물을 흘리는 진정한 연인이었다.

악처라고 했던가? 크산티페가 부부싸움 중에 남편의 머리 위로 구정물이 담긴 양동이를 쏟아부었다는 일화는 잘 알려져 있다. 그때 소크라테스는 "크산티페가 천둥을 울리면 비가 항상 뒤따르는 법이야"라고 태연히 부연했다고 한다. 누군가가 만들어낸 이 일화는 선풍적인 화제가 되었고, 수세기에 걸쳐 플라톤의 제자들과 일부 견유학파 철학자들에 의하여 널리 유포되었다. 철학이라고 불릴 수 있는 것, 철학이라는 이름이 무색하지 않은 것은 결코 여자를 상대할 수 없다는 사실을 강조하기 위해서였다.

그런데 소크라테스의 어린 아내 크산티페가 진정 악처였다고 확언할 수 있는 근거는 전혀 없다. 한편 소크라테스 자신에 대해서라면, 언제나 그는 길거리나 김나지움에서 부잣집 자제들과 귀족 한량들을 상대로 난해한 주제를 놓고 토론을 벌이는 것으로 시간을 보냈다. 한심한 남편으로부터 크산티페가 기대할 수 있는 것은 거의 없었다. 애정도, 돈도 모두 절망적이었다. 평생 장황한 토론만을 일삼던 그는 죽게 되어 있던 그날 저녁마저도 아내와 그녀의 팔에 안긴 어린 아들을 포옹하는 대신 토론만 계속하였다.

키에르케고르와 레기네

허약하고 등도 굽은 소렌 키에르케고르는 절대로 미남이 아니었다. 미모의 17세 덴마크 소녀 레기네 올센이 이 신학과 학생에게서 발견한 매력은 무엇이었을까? 그녀는 이 청년이 천재이며 위대한 작가로 성장하리라는 것을 알아챘던 것이다. 그러나 그녀의 정신교육을 위해서라는 구실로 그들이 사는 구역의 주교가 쓴 강론을 읽어줄 때 그녀는 다소 짜증스러워했다. 게다가 그는 우울증에 시달렸으며, '무한에 대한 영원한 확신'에 도달하기 위해서 괴이하기 짝이 없는 사고들을 정성들여 가꾸는 것이었다. 어떤 때는 부드러운 애정과 배려를 보이지만 또 어떤 때는 밉살스럽기 그지없었다.

그는 "현실의 잔혹함"이라는 명분으로 그녀에게 종신 약혼, 즉 "가능성이라는 달콤하고 말랑말랑한 빵으로만 살아가는 비현실적인 사랑"을 제의한다. 결혼은? 그것은 단지 "젊음의 열기가 식은 후, 회춘하기 위해 뜨거운 피를 가진 젊은 여인이 필요할 때에만 가능하다. 이는 '필요불가결한 잔인성'이다." 이처럼 턱도 없는 주장을 그는 3인칭으로 이론화하였다. "무엇보다도 그는 사상가이다. 그녀는 절대로 그렇지 않다. 그는 윤리적·변증법적 인간이고 그녀는 미학적·즉각적 인간이다." 그는 자신의 패덕을 정당화하기 위해서 만사를 이론화하였다.

10개월간의 약혼 기간 동안 실망만을 맛본 레기네는 드디어 파혼을 결심한다.

"그녀는 내가 적어준 글귀가 적힌 작은 종이조각을 항상 가슴 위에 지니고 있었다. 그런데 그녀가 그 종이를 꺼내더니 아무 말 없이 발기발기 찢었다. 그리고는 이렇게 말했다 '이렇다 저렇다 해도 당신은 저에게 잔인하게 대했어요.'"

레기네는 순교자가 되기를 원하지 않았던 것이다. 그녀의 생명력이 그녀 자신을 살렸다. 쉴러겔이라는 고급 공무원이 그녀의 든든한 남편이 되어주었다.

키에르케고르는 파혼을 자초하는 온갖 짓을 자행하고 다녔지만, 그녀가 결혼하자 그만 깊은 절망에 빠진다. 그런데 절망 속에서도 그는 자신이 작가라는 사실까지는 잊지 않았다. 그는 종이를 긁으면서 파혼에 대한 자신의 절망과 우수를 훌륭히 보존하였다. 마음의 고통은 심했지만 손에서는 펜을 놓지 않았다. 그리고 앞으로 써나가야 할 다음 장에 대한 생각으로 고통을 이겨나갔다. 결국 그는 레기네의 이야기이기도 한 그들의 파혼에 얽힌 이야기를 급히 써서 『이것이냐 저것이냐 — 삶의 단상』이라는 제목으로 대중에게 선보인다.

아무리 그가 지팡이를 들고, 손에는 장갑을 끼고, 단춧구멍에 꽃을 꽂고, 세련된 바지를 입어도, 그는 우아함과는 거리가 멀었다. 약혼녀는 날아가 버렸다. 연약한 잠자리 레기네는 까딱했으면 날개와 다리가 하나씩 떼어져 해부되는 키에르케고르의 곤충이 될 뻔했다.

아가씨들이여, 철학자들을 경계하라! 아차하면 돌이킬 수 없는 만신창이가 될 수 있다. 철학자들의 형이상학적 문제로 미라화되고 그들의 개념으로 박제되는 꼴을 당할 수도 있다는 말씀이다.

하이데거와 크라테스의 아내들

마틴 하이데거의 아내는 '엘프리데'라는 이름의 여자였다. 이 모범적인 아내의 역할을 과소평가해서는 안된다. 하이데거의 한 제자는 다음과 같이 기록하고 있다.

"그녀는 일상적인 가사노동뿐 아니라, 하이데거 교수가 빛을 발하는 데에 필요한 모든 관리 업무와 비서 역할을 도맡아 처리했다. 아내의 끊임없는 내조가 없었다면, 어떻게 하이데거가 그처럼 기념비적인 저서들을 남길 수 있었겠는가? (……) 일과중의 매순간마다 그녀는 남편이 무엇을 필요로 하는지 정확하게 알고 있었다."

그런데 이상의 증언으로부터 하이데거 부인이 단순한 가정주부였다고 추론한다면 오산이다. 그녀도 남편처럼 펜을 들고 국가사회주의의 제창에 기여하였다. 1935년 그녀는 남아와 여아의 분리교육에 반대하는 기사를 발표하였다. 그녀가 주장하기로, 이러한 차별은 "우리의 위대한 지도자가 국민에게 가져다준 모든 선물 가운데에서도 가장 소중한 동시에 가장 큰 위협을 받고 있는 우리의 국가공동체에 손상을 입힐 것이다. (……) 알라만 족이라는 소중한 인종적 유산의 소유자이자 이 유산의 수호자로서 스스로를 인식하는 어머니, 자녀들에게 우리 국가의 미래의 운명을 이끌어나갈 일원이 될 수 있는 가능성을 부여하는 교육을 실행하는 정통한 교육자로서 스스로를 인식하는 어머니들만이 진정한 국민의 동지이다."

엘로이즈와 아벨라르의 비극적 모험 후에, 드디어 결혼과 철학을 융화시킨 자랑스런 한 쌍이 나타난 것이다.

한편, 아테네 명문가의 딸 히파르키아는 견유주의 철학자 크라테스와 함께 살겠다고 나섬으로써 부모를 절망에 빠뜨렸다. 특별히 잘생긴 청년도 아니었고 재산도 거부하는 작자였다. 그런 그에게서 그녀가 느낀 매력은 무엇이었을까? 그것은 그가 다른 사람들과는 달랐다는 점이었다.

크라테스는 당시 그리스인들의 귀에는 익숙하지 않은 말들을 퍼부으며 길가는 행인들을 불러세우곤 하였다. 예컨대 올림픽 경기의 선수들은 멍청이들이라고 하거나, 장군들은 당나귀를 모는 사람들이라거나 하는 등의 이야기였다. 히파르키아는 바로 이런 점에 매력을 느꼈다.

그녀가 그를 찾아가 함께 살자고 제안했을 때, 그는 그녀 앞에서 옷을 벗고 이렇게 말했다. "잘 보시오. 이것이 내가 당신에게 줄 수 있는 전부요." 그녀는 주저하지 않았다. 그녀는 철학자를 따라 그와 더불어 곤궁한 생활을 영위하였다. 생활의 안락도, 우아한 튜닉도, 굽 높은 신발도 모두 버리고, 이제 그녀는 바랑과 막대기 그리고 외투로 이루어진 유니섹스용 견유주의 복장을 걸쳤다.

몇몇 고대 작가들의 주장에 따르면, 엽기적인 이들 부부는 거리에서 성관계를 나누었다고 한다. 공개적이건 사적이건 간에 그들이 나눈 사랑의 결과물로 아들이 태어났다. 훗날 아들은 에우클레이데스(Eukleides) 수하에서 기하학을 공부하였으니 상당히 훌륭한 교육을 받았다고 할 수 있다. 적절한 말을 찾아내는 데에 전문가였던 아버지 크라테스는, 모든 석류 속에 썩은 씨가 하나는 들어 있듯이, 인간은 모두 결함을 가지고 있다고 즐겨 말했다. 그러나 범상치 않은 석류 히파르키아만은 제외해야 하지 않을까?

철학자와 매춘부들

매춘부들에게 가장 큰 대접을 해주었던 철학자들은 에피쿠로스 학파였다. 사실 일반적으로 '성실한' 여자들은 철학과에는 그다지 적합한 신입생이 못되었다. 그들은 다른 데에 온 정신을 쏟게 마련이다. 수발을 들어야 할 남편과 거두어야 할 자식들……. 그래서 철학자들에게는 철학적 모험을 위해 주변인이나 매춘부가 더 적합했다.

더욱이 에피쿠로스 학파의 제자로 역사에 기록된 몇몇 매춘부들도 있다. 그들이 후세에 저서를 남기지 않았다는 것은 진정 유감스러운 일이다! 철학과 교수들과 학생들이 "부드러운 여인(Hédéia)", "사랑의 얼굴(Erotion)", "풍만한 가슴(Mammarion)" 등의 텍스트에 잔뜩 몸을 굽히고 연구하는 모습을 볼 수 있다면 얼마나 재미있을까?

에피쿠로스 학파뿐 아니라 견유주의 철학자들도 창녀들과 함께하는 자리를 높이 평가하고 권유하였다. 그들은 창녀들에게 훌륭한 고객이었을 뿐만 아니라 훌륭한 동반자가 되었다. 전해지는 일화 가운데, 코린트시(市)의 고급 창녀로 이름을 떨치던 라이스와의 동거로 유명한 키레네의 아리스티포스(Aristippos)의 이야기가 있다. 그들의 동거를 비난하는 소리가 높아지자 그는 "나는 라이스를 소유하지만, 라이스는 나를 소유하지 않는다"라고 대꾸하며 사창가에 대해서도 이렇게 덧붙였다. "그곳에 들어가는 것은 부끄러운 일이 아니다. 단 그곳에서 나올 줄 모르는 것이 부끄러운 일이다."

유별나게 여성을 혐오했던 도시 아테네에 미모의 아스파시아가 정착했다. 그녀는 고향 소아시아 도시의 이름을 따서 "밀레토스의 창녀"라고 불렸다. 그녀는 정치가들의 정부가 되었으며, 그 중에서도 특히 페리클레스의 정부가 되었다. 페리클레스는 아테네 시민들의 극심한 원성에도 불구하고 그녀를 아내로 맞아들였다.

이후 아스파시아는 철학을 사랑하는 여성들이 뛰어난 재질을 발휘하는 분야, 즉 철학의 생산자로서가 아니라 철학의 중개자로서의 역할을 훌륭히 수행한다. 그녀는 인재를 모으고, 집회를 주선하였으며, 손님들을 맞아들였다. 그녀가 주관하는 살롱은 고대, 아니 서구 역사상 가장 빛을 발하는 살롱이었다.

소포클레스, 페이디아스, 아낙시고라스, 히피아스, 프로타고라스, 소크라테스가 그곳에 모여들었다. 철학의 가장 준엄한 문제들이 진정 예외적인 여인, 아스파시아의 우아한 인도 아래에서 논의될 수 있었다. 플라톤이 『향연』이라는 제목 대신에 '살롱'이라는 제목으로 대화서를 남겼을 수도 있었을 곳이었다.

5 향연의 시대

철학자들의 향연

그리스 철학의 모든 학파는 각기 하나의 장소와 연관되어 있다. 플라톤의 아카데메이아, 아리스토텔레스의 리케이온, 에피쿠로스 학파의 정원, 그리고 스토아 학파의 회랑 등이 그것이다. 집도 절도 없는 철학자들로 알려진 견유학파까지도 아테네의 언덕 키노사르게스, 즉 '개들의 김나지움' 에 모이곤 했다. 견유학파라는 명칭의 출처도 바로 그곳이었다. 그들은 철학자들의 '개들' 이었지만 유랑하는 개는 아니었다. 모든 그리스 철학자들과 마찬가지로 그들도 김나지움이나 씨름판 등에 모이기를 좋아했으며 향연(*symposium*) 또한 즐겼다.

철학의 탄생은, 눈에서 빛을 발하는 연회객들이 각자의 생각을 토로하던 그리스의 향연에 기원을 두고 있다. 더위가 물러간 저녁, 올빼미(미네르바의 새. 지혜의 상징)의 시간에 연회객들이 모여든다. 가장 심각한 유흥, 즉 철학에 몸을 맡기기에는 더없이 좋은 환경이었다. 그리스인들은 삶의 중대한 주제들이 가지는 가치는 익히 인식하고 있었지만, 이러한 주제들을 심각한 태도로 다루어야 할 필요성은 느끼지 않았다.

주제가 하나 선택되면 ─ 플라톤의 향연에서는 사랑이라는 주제 ─ 각자는 나름의 연설을 늘어놓는다. 자리에 모인 사람들은 발언권을 의미하는 도금양나무의 가지가 자신에게 떨어지기를 기다렸다가 연설을 시작한다. 화관과 꽃 모자를 나누어주고 제주(祭酒)를 붓고, 플루트 소리에 맞추어 축가를 부른다. 술항아리가 들어오면 주인은 손님들의 잔에 술을 가득 채운다. 술기운에 혀가 풀리고 정신은 방랑한다. 영혼이여, 이데아를 향해 비상하라! 물 마시는 철학자들? 그리스인들은 그런 철학자는 원치 않았을 것이다.

또 하나의 향연인 루키아노스의 향연(2세기)에서는 플라톤 학파, 아리스토텔레스 학파, 스토아 학파 등 모든 학파의 철학자들이 몸가짐을 상당히 흐트러뜨린다. 그들은 서로 욕설을 퍼부었고, 상대의 얼굴을 향해 포도주 잔을 던졌으며, 싸움질까지 했다. 향연이 끝날 때쯤 견유학파 철학자 하나가 바닥에 오줌을 갈기더니 촛불을 모두 불어 끄고는 플루트를 연주하던 여인을 강간하려고 했다. 플라톤의 향연에 비해서 상당히 야만적인 것은 사실이다. 그러나 플라톤보다 사실적임은 틀림없다. 플라톤의 『향연』을 루키아노스 식으로 개작한다면 어떻게 될까? 만약 플라톤이 아카데메이아의 필요성에 의해서, 혹은 자신의 체면을 위해서 『향연』의 내용을 미화한 것이라면? 결국 철학은, 향연에서의 대화를 우리가 너무나 심각하게 받아들인 것에 불과하다.

에피쿠로스 철학자들의 향연은 매우 엄격했다. 그들 역시 스승의 유지(有志)를 찬양하는 의식을 치렀지만, 그것은 취기도, 제주(祭酒)도, 플라톤 식의 동성애적 구애도, 주연(酒宴)도, 루키아노스 식의 강간도 없는 매우 검소한 의식이었다. 그러나 그들의 향연은 아직 그리스 식으로 바닥에 길게 누운 자세로 진행되었다.

그로부터 오랜 시간이 흐른 후, 예수가 제자들을 ─ 그들은 의자에 앉은 자세였다 ─ 식탁 주위로 불러모은 것은 약간의 빵과 포도주를 나누기 위해서였다. 최후의 만찬은 은퇴하기 전에 나누는 뷔페(Cena, 예수의 최후의 만찬을 일컬으며, 로마인들에게는 '업무'를 끝낸 후 오후 세시경에 하는 식사를 의미했다)와도 같은 양상을 띤다. 그런데 그후로는 식사의 자취가 완전히 사라지고, '원탁' 주위에 모인 사람들은 아무것도 먹지도 마시지도 않고 이야기만 하는 절망적인 근대적 상황에 도달한다. '향연'이기는 하지만 뱃속은 텅텅 비어 있다는 말씀이다! 근대적인 철학자들은 말(言)로 배를 채운다고 하는 편이 옳을 것이다! 인류는 기근을 몰아냈지만 철학은 매서운 식이요법으로 돌진했다.

철학자들은 더 이상 향연을 벌이지 않고, 그저 플라톤의 『향연』을 주해하는 것으로 만족한다. 신입생들에게 플라톤주의에 대한 산교육을 일깨워주기 위해서 교수들이 할 수 있는 한 가지 간단한 방법이 있다. 그것은 향연을 개최하는 것이다.

철학의 장소, 장소들

로마에서 철학은 모든 곳에 존재했다. 상류층에서는 고상한 취향과 세련된 교양을 유지하기 위해서 항상 철학자를 곁에 두고 대화를 나누거나 자문을 구했다. 그 외에도 토론회, 법원, 회랑, 김나지움, 목욕탕 등 공공장소에도 철학은 존재했다. 특히 목욕탕은 중요한 역할을 했다. 그곳에서 정신은 수증기와 함께 발산되었다. 그들은 단순히 몸을 씻기 위해서만이 아니라, 대화를 나누고 서로의 소식을 주고받고 재담꾼들이나 철학자들의 말을 듣기 위해서 목욕탕을 찾았다. 마사지를 기다리는 동안 그들은 우주의 상태, 영혼의 각 요소, 자살의 필요성, 노예를 다루는 법 등에 대해서 심도 깊은 의견들을 주고받았다. 카페의 철학 이전에는 목욕탕의 철학이 크게 성황을 누렸다.

3세기 로마에서 활동하던 플로티노스의 학원은 단 한 장의 커튼으로 길거리와 차단되어 있었다. 그저 헝겊 조각 하나로 가린 강의실이었다! 당연히 외부의 소음과 냄새가 강의실로 스며들었다. '일자(Eines)'로의 상승은 — 플로티노스가 즐겨 다룬 신비주의적 주제 — 한 줄기 바람으로 타격을 받을 수 있었다.

여하간에 일단 커튼을 넘어서면 원하는 대로 스승에게 질문을 할 수 있었다. 그의 수업은 상당히 무질서했고, 청강생들은 자유롭게 잡담을 할 수 있었다. 체계적인 발표도 없었고, 이렇다 할 교육 방법도 없었다. 플로티노스는 여러 가지 문제를 동시에 사고할 수 있는 남다른 능력을 소유하고 있었다. 말하자면 정신적 편재의 능력이었다. 그는 제자들에게 가르침을 펼치면서 동시에 자기 자신의 사유를 진전시켰다.

그는 상대와 대화를 나누는 동시에 자기 머릿속에서 벌어지는 사고의 흐름을 따랐다. 그는 동일한 순간에 다른 사람과 자신에게 주의를 기울였다. 플로티노스의 머릿속에는 자신의 관심사와 타인의 관심사 사이에 단지 헝겊 커튼처럼 가느다란 경계선만이 존재했던 것이다.

기독교나 유대교, 그리고 이슬람교에서 이야기하는 유일신처럼 혼자라는 상태, 그것은 인간이라면 아무도 부러워하지 않을 것이다. 영원한 권태! 고독한 신에 대한 숭배라니, 참으로 희한한 착상이 아닌가! 그리스인의 신들은 함께 모여 살았다. 그들의 신들에게 고독은 죄가 되었을 것이다. 신이 존재한다면, 그것은 다수이다.

중세 최대의 연애 스캔들인 아벨라르와 엘로이즈 사건 이후 생드니 수도원에서 추방당한 아벨라르는 은둔을 결심한다. 그는 노장슈르센 근처에 자신이 소유하고 있는 조그마한 땅덩어리를 기억했다. 허허벌판에 집도 없고 경작물도 없이 그저 땅만 있는 곳이었다. 그러나 아벨라르는 시중드는 제자 한 명만을 데리고 그곳에 정착하기로 결심한다. 그들은 흙과 갈대로 보잘것없는 오막살이집을 지었다. 호주머니 안에는 동전 한푼 없었다. 수도승으로서 구걸 행위는 전혀 지탄받을 일이 아니었음에도 불구하고 그는 구걸하기를 원치 않았다. 그는 가난과 고독을 벗삼아 살기로 마음먹었다.

그런데 아뿔싸, 그의 명성과 그의 추종자들이 다시 그를 따라잡았으니, 위대한 아벨라르가 수도에서 30리가 채 안되는 곳에 살고 있다는 소문이 파리 학생들 사이에 널리 퍼졌다. 신도들이 달려왔다. 허허벌판 위에 놀라운 캠프촌이 형성되었다. 아벨라르가 '파라클레'('성령'이라는 뜻)라고 이름붙인 수도원 주위로, 갈대와 벽토로 지은 대학, 오두막집, 예배당 등이 우후죽순 솟아났다. 여행자 무리의 간곡한 요청을 이기지 못하고 아벨라르는 강의를 개시해야 했다. 그러나 오래지 않아 '철학자 촌'의 상황은 악화되어 갔다. 세간 사람들이 요리조리 입을 놀리며 그들을 시기했던 것이다.

클레르보의 성 베르나르(Saint Bernard)가 교회를 대표하여 반동분자들을 원위치로 돌려보내고자 직접 개입하였다. 아벨라르가 학생들을 진정시키려고 아무리 애쓰고, 그곳에서 조금 떨어진 도시 켕세로 물러나라고 그들을 설득해도 말짱 헛수고였다. 반동분자 철학자촌의 추문은 계속되었다. 베르나르는 그들의 정신적 공해가 하류까지 퍼져나가서 수도를 오염시키는 것을 막기 위해 처벌을 요청했다. 아벨라르는 브루타뉴로 피신하는 것이 신중한 처사라고 판단했다.

오늘날 파라클레와 꺼진 성령의 불꽃에서 멀지 않은 곳에 노장 슈르센 원자력발전소의 발동기가 불타고 있다.

반면 헤겔은 항상 중심에 자리하고자 했다. 독일의 중심부, 즉 프로이센에, 그리고 베를린의 중심부, 즉 대학에 머물고자 했다. 대학의 중심에는 당연히 철학이 빛을 발하고 있었다. 헤겔에게 과학은 회전적인 것이었으며 모든 지식은 그 지식 자체를 축으로 해서 돌아가는 정신의 회전이었다. 중심을 확보하면 모든 것을 확보하는 것이었다.

따라서 철학자는 수도, 즉 권력의 중심지에 자리해야 한다는 것이 그의 지론이었다. 도시가 쾌적한가 아닌가, 호의적인가 적대적인가, 사유하기에 유리한가 불리한가 등의 문제는 아무래도 상관없었다. 신도시 베를린이 먼지투성이에, 바람에 휩쓸리고, 늪지대에 둘러싸여 있다는 사실은 그다지 중요하지 않았다. 중요한 것은, 다른 곳이 아닌 바로 그곳에 있어야 한다는 것이었다. 지방에, 주변에, 외곽에, 유배지에 있어서는 안되었다.

이미 13세기에 장덩의 장(Jean)이라는 학자는 이렇게 선언한 바 있다. "파리에 살지 않는다는 것, 그것은 반쪽 인간이나 마찬가지다"라고. 그러나 장이 파리를 탐했던 것은 파리의 스승들, 학생들, 라틴 구역 때문이었지, 왕과 궁정과 대신들 때문은 아니었다. 헤겔의 경우에는 정반대였다. 헤겔이 중요하게 여긴 유일한 장소는, 모든 것이 집약되는 정치의 중심지였다.

그런데 비극은, 일단 베를린에 정착하고 커리어의 최고봉에 다

다른 이 철학자가 안심을 할 수 없었다는 데에 있다. 오히려 그는 그 어느 때보다도 위태로운 자신을 느꼈다. 권력이 그를 장악하고 있었던 것이다. 그는 자신이 일개 음모나 책동으로 간단히 무너질 수 있으리라는 사실을 알고 있었다. 그는 불안의 중심에 서 있었던 것이다.

각양각색 강의 스타일

성 아우구스티누스는 히포 레기우스의 추종자들을 상대로 즉흥 연설을 즐겨 펼쳤다. 그가 성당의 연사용 의자에 자리를 잡으면 청중들은 그로부터 5미터도 떨어지지 않은 곳에 서서 연설을 경청했다. 이들 군중은 아프리카 추장식의 장황한 연설에 습관이 든 무리였다. 그들은 연설자가 압도적이고, 연설이 볼거리도 되며, 그 내용에 뭔가 우월한 자질이 느껴진다면 개종할 의사가 있었다.

설교하는 일에서만큼은 자타가 공인하는 챔피언(그의 강론 가운데 500여 종 이상이 지금까지 전해지고 있다)이었던 성 아우구스티누스는 군중의 요구에 부합하는 모든 조건을 구비한 인물이었다. 성서와 그리스 작품에서 인용해 온 놀라운 양의 문장을 자유자재로 구사하며, 카르타고에서 배우고 가르친 수사법을 사용하였고, 웅변가라는 직업의 모든 기술을 속속들이 꿰뚫은 사람이었다.

또 다양한 일화, 동음이의어의 말장난, 어원, 말의 유희, 알아맞추기(그 가운데 "사도는 12명인데 옥좌는 왜 13개일까?"라는 문제가 있었다. 불행히도 해답은 소실되어 전해지지 않고 있다) 등을 마음대로 조리하여 적재적소에 사용할 줄 알았다. "도나투스(Donatus, 4세기 이교설을 설파한 누미디아의 주교 – 옮긴이)에 대항하는 알파벳순 성가" 등에서 볼 수 있듯이 그는 시작(詩作) 대신 대중가요를 짓는 일도 서슴지 않았다.

강연의 달인 아우구스티누스와는 달리 플로티노스는 강의를 하지 않았다. 그저 청중에게 질문을 하라고 요청했다. 청중의 질문에 그가 대답을 하면, 학생들은 그의 답변을 놓고 서로 의견을 주고받았다. 이러는 사이에 다른 학생이 다른 질문을 한다. 결과적으로 그것은 엇물리는 대화들과 개인적인 토론들이 무질서하게 웅성거리는 수업이었다. 일반적인 대형 강의실과는 완전히 딴판이었다. 체계적인 발표도 확실한 교수법도 없었다.

신플라톤주의의 도약에 참여하기 위해 먼 곳에서 일부러 찾아온 방문객들에게는 참으로 한심스럽게 보이지 않았을까? 그런데 실제로 꼭 그렇지만도 않았다. 부드러운 태도와 환대로 유명한 플로티노스의 카리스마는 그만큼 강력했던 것이다. 그가 말을 할 때면 보일 듯 말 듯한 땀방울이 이마 위에서 흘러내렸다. 그는 규율교육을 하지 않았다. 그는 이 대단한 무질서를 조절하고 진정시킬 수 있는 내적 힘을 가지고 있었던 것이다.

비트겐슈타인은 케임브리지의 트리니티 대학 구내에 있는 자신의 아파트에서 약 15명 가량의 소규모 청중을 대상으로 강의하였다. 학생들은 각자 자기 의자를 들고 왔다. 조금이라도 지각하는 경우에는 절대로 들어올 수 없었으며, 무엇보다도 개근이 철저하게 강조되었다. 호기심에서 한번 강의를 들어보고자 하는 사람들이나 관광객은 물론 어림도 없었다!

비트겐슈타인은 미리 강의를 준비하는 일이 결코 없었다. 강의용 메모도 없이 수업하였다. 소크라테스 식의 교수법일까? 그건 아니었다. 왜냐하면 여기서 산파술의 대상이 되는 자는 학생이 아니라 선생이었기 때문이다. 비트겐슈타인은 스스로 생각하기에 부정확하다거나, 불명확하거나, 상투적이라거나, 혹은 연계성이 확실치 않다고 여기는 자신의 생각에 대항하여 혈투를 벌였다. 그는 고통스러워했다. 여기에 나르시시즘의 여지는 전혀 없었다. 또 예술가의 묘기도 전혀 없었다. 그의 강의는 마치 혼자서 사유하는 내용을 소리내어 말하는 것 같았다.

형식논리와 수학을 다루는 교수의 난해한 문장을 따라가는 학생들은 철학연구과정의 중계방송에 참석한 것과 같았으며, '살아 움직이는' 뇌를 보는 것 같았다. 한 치의 기교도 불가능한 그의 강의는, 교수에게는 생사를 건 듯한 진리의 시험대였다. 모든 것은 그 자리에서 즉흥적으로 이루어졌다. 아무런 속임수도 없었고, 숨을 만한 책 한 권도, 인용할 저자 하나도, 지푸라기처럼 매달릴 수 있는 강의용 노트도 없었다. 비트겐슈타인은 스스로 만족하는 경우가 거의 없었다. 그는 청중에게 사과하는 일도 주저하지 않았으며, 정말 컨디션이 좋지 않은 날에는 스스로를 멍청이로 취급하기도 하였다.

강의를 끝내고 나면, 그는 가장 가까운 영화관으로 달려갔다. 마치 강의를 함으로써 뭔가 나쁜 짓을 했다고 여기는 듯, 지난 시간을 잊기 위해서였다. 그는 머릿속에서 다른 것을 생각할 여지를 주지 않는 오락물, 서부극, 가벼운 작품들을 선택했으며, 영화관에서는 화면이 시야 전체를 가릴 수 있도록 제일 첫줄에 자리잡았다.

앙제시(市)의 한 고등학교 교사로 재직하던 베르그송은 항상 모자를 쓴 채로 수업을 진행했다. 왜 이런 소품이 필요했을까? 앙리 루이 베르그송은 독특한 수업 방식을 가지고 있었다. 수업 내용을 받아쓰도록 불러주면서 마치 그 자리에서 즉흥적으로 말하는 척하였다. 마치 적확한 단어를 찾는 듯 천천히 말하면서 문장을 중간에서 끊기도 하였다. 찾는 말은 물론 이미 준비해 두고 있었다. 그러나 청중의 주의를 보다 효과적으로 끌기 위해서 머뭇거리는 척하는 것이었다. 그의 어조는 연설자의 어조도 아니었으며 사담(私談)하는 어조도 아니었다. 철학자는 청중을 상대로 정해진 시간 동안 강의하는 것뿐이었다. 잠시 지나치는 중이니 맨머리를 보일 필요가 없었다. 그는 모자를 벗지 않았다.

시칠리아의 고르기아스, 엘리스의 히피아스, 케오스의 프로디코스, 아브데라의 프로타고라스, 칼케돈의 트라시마코스 등 많은 수행원을 대동하고 추종자들 무리에 둘러싸여 이 도시에서 저 도시로 전전하며 활동하던 철학자들 덕분에 플라톤 시대의 철학은 단 한 세대 만에 진정한 구경거리가 되었으며 웅변의 축제가 되었다. '소피스트(Sophist)'라고 불리는 이들 철학자들은 전대미문의 가르침을 제의했다. 그들은 모든 주제에 대해서 이야기할 수 있도록 '상투어'들을 전개하는 방법을 가르쳤다.

고르기아스의 특기 가운데 하나는 적절한 기회를 포착하는 기술이었다. 소피스트들은 고객의 요구에 따라 '찬사'나 '이율배반'(이론과 그 반론을 마찬가지로 설득력 있는 방식으로 증명하는 화법) 등을 제작하기도 했다. 또 올림픽 경기를 놓치는 법이 없었던 히피아스처럼 의뢰를 받은 그 자리에서 즉흥적으로 만들어주는 경우도 있었다. 히피아스는 성전에 자리잡고 저렴한 가격으로 철학론을 풀어나갔다. 사실 다른 소피스트들은 상당한 고가를 요구했다. 그들은 아테네의 부유한 고객층, 즉 정치에 입신하고자 하는 부잣집 자제들, 따라서 말하는 방법을 배워야 하는 청년 고객들을 확보하고 있었던 것이다. 소피스트들과 함께, 철학은 역사상 처음으로 목돈을 벌어들일 수 있는 돈벌이가 되었다.

이들을 하나의 모범으로 삼을 수 있을까? 적어도 대학 내에 둥지를 틀고 앉은 근대적 철학자들, 조금 더 연예인다워지고 조금 덜 논술적이며 조금 덜 논문에 매달렸으면 하고 바라게 되는 근대적 철학자들에게는 하나의 암시적인 일화라고 할 수 있다. 주기적으로 등장하는 광대형 철학자들 ─ 얼마 전까지만 해도 '신철학자'

라고 불렸다 ― 의 출현은 항상 유쾌한 사건이다. 그것은 단지 그들이 제공하는 볼거리의 내적 가치 때문만이 아니라, 그들의 출현 자체가 하나의 생명력을 의미하기 때문이다. 그 안에는 적어도 살로 이루어진 몸이 움직인다. 우리가 생명을 받아들인다면, 광대스러운 것까지 포함한 모든 형태의 호기심을 받아들여야 할 것이다.

이로부터 15세기가 지난 1200년대에 다시 한 번 언어의 폭발이 일어났다. 이번에는 파리에서였다. 지성인들은 수도원을 떠나 도시로 들어갔다. 아리스토텔레스와 아랍 철학자들의 텍스트들이 스페인에서 직수입되었다. 말에 대한 취기가 모든 문인들, 대학교수들, '대학생' 들을 사로잡았다. '변증법' 이라는 단어가 이러한 말의 열기를 한마디로 요약해 줄 수 있을 것이다. 전투, 교전, 상황의 전환과 논거의 전복을 의미하는 '변증법' 은 모순을 제거하기 위한 기술이 아니라, 모순을 아예 철학의 주제로 삼는 예술이었다.

철학 선수들의 논쟁 시합

철학자의 '논쟁' 은 상호 모순적인 이론들을 대중 앞에 공개하는 일이었다. 이때 철학은 하나의 게임이나 운동경기 같은 양상을 띠었다. 학생, 선생, 혹은 여행자들 등이 어울려 벌이는 논쟁 시합은 반나절씩 지속되기도 했다. 굳이 표현하자면, 일종의 지적 능력의 토너먼트라고 할 수 있었다. 오늘날 우리가 권투시합이나 테니스 경기를 해설하는 것처럼 사람들은 논쟁을 해설하기도 하였다.

1583년 폴란드 왕자 알버트 알라스코(Albert Alasco)를 맞이한 영국의 엘리자베스 여왕은 그에게 경의를 표하기 위해서 몇 가지 흥미로운 행사를 마련했다. 연주회와 무용 그리고 곡예 등 다양한 공연 외에도, 왕자를 재미나게 해줄 심산으로 옥스퍼드에서 철학 경기를 준비하였다.

경기장에는 나폴리 출신의 지오르다노 브루노와 영국 내에서 선발된 아리스토텔레스 학파의 한 철학자가 대결하게 되었다. 그들의 대결은 세 번의 강연회를 통해 이루어졌다. 각 선수의 진영에는 보좌관들이 '동원군'을 구성하고 있었다. 대표선수가 몸소 나서서 논쟁을 베풀어주시기도 하지만 간혹 보좌관 하나를 지명하여 대리시키는 경우도 있었다.

그날 브루노는 전투에 직접 참가하였다. 당연히 그는 라틴어로 논쟁을 펼쳤다. 그러나 '원', '중심', '원둘레' 등에 대해 말하는 그의 억양에는 나폴리 사투리가 강하게 섞여 있었다. 그는, 회전하는 것은 지구이며 천계(天界)는 부동(不動)이라는 코페르니쿠스의 이론을 옹호하였다. "그런데 사실 돌아가는 것은 그의 머리였으며, 이때 그가 돌리는 머리 안에서 뇌도 분명 부동을 고수하지는 않았을 것이다." 훗날 캔터베리의 주교가 되는 조지 애보트는 그들의 논쟁을 관람하면서 이렇게 평했다.

그런데 관중석에 있던 또 한 명의 관객이 아연실색하고 있었으니, 그것은 브루노가 하는 말이 어디선가 이미 들어본 적이 있는 것 같았기 때문이었다. 그는 도서관으로 달려가서 확인해 보았다. 조사 결과, 브루노의 말은 마르실리오 피치노(Marsilio Ficino, 르네상스기 이탈리아의 플라톤주의 철학자 – 옮긴이) 가 쓴 『천체운동의 관찰』에서 글자 하나 바꾸지 않고 그대로 차용한 것이었다. 부르노는 훈련을 통해 그만의 특별한 기억력을 단련해 왔으며, 이 천재적인 기억력으로 책의 내용을 달달 외우고 있었던 것이다.

그러나 영국인들은 이 불미스러운 사건에 대해서 아무 말 하지 않고 다시 한 번 그에게 기회를 주었다. 그런데 2회전, 3회전에서도 여전히 이 작자는 피치노의 책을 글자 그대로 외우는 것이었다. 그들은 매우 놀라고 당황했지만 추문을 원하지는 않았다. 그래서 조용히 부르노를 불러내어 그의 행위는 매우 충격적인 것이며, 당장 옥스퍼드를 떠나야 한다는 점을 이해시켰다.

훗날 브루노는 논쟁의 상대가 15회에 걸친 자신의 삼단논법 앞에서 "추수한 밭의 닭" 처럼 나가떨어졌다고 주장했지만, 사실은 이와 정반대로 자격 상실로 탈락하고 말았던 것이다. '지적 약물 복용 검사' 라고 할 수 있는 것에 적발되어서 말이다.

여러 가지 논쟁의 형태 가운데, '무작위 논쟁' 이라는 것이 있었다. 그것은 철학자에게 아무것이나 손에 잡히는 주제에 대해서 질문을 던지는 형태의 논쟁이었다. 이 모든 – 주제의 – 논쟁은 극단적인 스포츠였다. 여기에는 일정한 규칙도 있었다. 예컨대 이러한 논쟁은 일 년 중, 사순절과 강림절 두 기간에 한해서만 허용되었다. 논쟁의 주제는 경기의 초반에 '아무나' '아무것에 대해서

나’ 선택하여 결정되었다. 부수적으로 덧붙이자면, 이 논쟁에서
능력이 달리는 연설자는 ‘아무것이나’ 당할 위험이 있었다.

살아 있는 목소리

청중 앞에서 자신의 텍스트를 큰 소리로 읽는다는 것, 그것이야
말로 진리의 시험이 아닐까!『순수이성비판』의 문장들을 큰 소리
로 읽을 수 있을 정도로 칸트는 숨이 길었을까? 하이데거는 좌중
의 폭소와 야유를 조장하지 않고『존재와 시간』의 한 문단을 낭독
할 수 있었을까?

중세 시대에는, “자신이 쓴 책이 양서인지 잡서인지 알기 위해
서 저자는 장소와 의자를 임대하여 대중 앞에서 시험해 보았다”
(자크 르 고프). 다소 대중 선동의 느낌을 주기는 하지만 그다지 나
쁜 방법은 아니다. 근대적 철학자들도 장소와 의자를 좀더 자주
임대해야 할 것이다. 그들이 진정한 대중을 마주 대한다면 더욱
진실한 글들을 쓸 수 있을 것이다.

에피쿠로스 학파의 두려움을 물리치는 ‘네 가지 처방’ 이라는
유명한 글은 큰 소리로 낭독되었다.

신을 두려워해서는 안될지어다.
죽음을 두려워해서는 안될지어다.

쾌락은 모든 사람에게 주어진 것이며
고통은 견딜 만한 것이다.

이 시구에는 그리스인의 귀에는 감지될 수 있었던 어떤 리듬이
따랐을 것이다. 어쩌면 제자들은 눈을 감고, 머리 혹은 상체를 가볍
게 끄덕거리며 낭독했을지도 모른다. 이 글은 어른을 위한 동요 같
은 것이었다. 만약에 그들이 차갑고 냉정하게 강의했더라면 학생
들이 어떻게 에피쿠로스 철학을 조금이라도 배울 수 있었겠는가.

철학은 한 제자가 어떤 목소리, 스승의 목소리, 유파라거나 학파
라고 해도 좋은 하나의 공동체를 집성시키는 스승의 말씀에 감화
를 받는 순간 시작된다. 단지 글만을 남긴 사상가가 있다면, 그의
글이 아무리 널리 전파되었다고 해도, 그는 밑동 없는 철학자에 불
과하다. 위엄 있는 한 말씀에서 퍼져나가는 메아리는 제자들을 하
나로 뭉치게 한다. 물리적 법칙과는 반대로 철학의 영역에서는 메
아리가 벽을 형성한다. 입에서 입으로 반향을 일으키는 말씀이 없
다면 학파는 무너지게 된다.

철학자의 지식이라는 것이, 잘 말려서 핀으로 고정시켜 도서관
에 차곡차곡 분류해 둔 사상들의 컬렉션이 아니고, 이론적인 지식
이나 개념의 조작으로서의 지식이 아니라면, 철학자의 지식이 삶
의 지혜, 행동으로 개시하는 일, 평온을 찾는 일, 위로하는 일, 논
거를 제시하는 일, 왕자에게 조언하는 일, 오성(悟性)을 개혁하는
일, 살아가는 동안 단호한 걸음으로 앞으로 나아가는 일 등에 도움
이 되는 것이라면, 철학자의 지식은 책 속에 들어 있는 것이 아니

라 그들의 살아 있는 목소리 안에 먼저 들어 있는 것이다.

플라톤은, 글은 거짓 지식만을 만들어낼 뿐이며 책은 우리가 던지지 않은 질문에 대해서는 답을 주지만 우리가 던지고자 하는 질문에 대해서는 답을 주지 않는다고 말했다. 또 글로 적힌 이야기는 그저 간편한 메모에 불과할 뿐이라고 주장했다. 사실 당시에도 하나의 학설을 먼 곳에 전파하기 위해서, 혹은 멀리 있는 제자들에게 가르침을 전하기 위해서 글은 일종의 통신수단으로서 유용하였다. 그런데 글로 적힌 스승의 말씀이 일단 목적지에 도착한 후에는, 그 내용이 영혼과 영혼의 구원에 관련된 것이라면 스승의 서신은 항상 큰 소리로 읽혀졌다.

플라톤의 말이 사실이라면, 다시 말해 사상가라는 칭호를 받을 만한 인물들이 그들 사상의 정수를 모두 말에 위임했다면, 그렇다면 경종을 울려야 할 것이다. 그것이 사실이라면 오늘날 우리가 가지고 있는 것은 단지 철학의 거품뿐이라는 말이 되기 때문이다. 예컨대 우리에게 남겨진 플라톤의 사상은 단지 그의 저서 속에 가라앉은 침전물이며, 실상 중요한 부분은 모두 말로 전해져서 사라졌다는 말이다. 책을 쥐고 있음으로써 사상의 정수를 소유한다고 굳게 믿는 가여운 주해자들이여.

알튀세르의 인터뷰

1980년 여름, 루이 알튀세르(Louis Althusser)는 이탈리아 TV 방송국 RAI의 인터뷰를 수락했다. 무대는 로마의 한 테라스였고 야외 촬영으로 진행되었다. 알튀세르가 TV 방송을 수락한 것은 처음 있는 일이었다. 지금까지 그는 세인의 눈을 피해 비밀스럽게 숨어 살았다. 그가 가끔 월름가(街)의 에콜 노르말(고등사범학교) 사무실에서 나오는 것은 정신병원에 입원하기 위해서뿐이었다. 즉 또다른 감금생활을 위한 것이었다. 그의 생애는 지극히 학구적인 나날로 점철되어 왔다. 40여 년에 걸쳐 같은 학교에서 학창 시절을 보내고 선생으로 재직하였다. 그는 새로운 교수들을 배출하는 교수였던 것이다.

우리의 이야기로 다시 돌아와서, 그러니까 1980년 알튀세르는 어둠침침한 그늘에서 벗어나 로마의 태양과 방송국의 조명 아래 모습을 드러냈다. 그의 말을 들어보자. 마르크스주의 철학자로 통용되어 온 이 대철학자의 입에서 놀라운 언사들이 쏟아져 나온다.

"내가 공산주의자였다면 그것은 내가 천주교 신자였기 때문이다." "나는 한 순간도 믿음을 잃은 적이 없다." "내 철학적 운명을 결정지어 준 사람은 전통적 천주교 신자이자 페텡주의자였던 장 기통이었다." 등등.

비슷한 시기에 이탈리아에서 개최된 한 토론회에서 알튀세르는 "사회주의는 똥이다"라고 발언하여 좌중에 큰 충격을 던진 바 있었다. 루이 알튀세르! 그의 감추어진 이면, 또다른 면, 그늘에 가려진 면, 이러한 것들을 그는 환한 조명 아래 천하에 밝히기로 결심한 것이었다. 또 그는 '나' 라는 1인칭을 사용하여 자서전『미래는 오래 지속된다』를 쓰기도 하였다. 사후에 출판되는 자서전 속에서 그는 자신의 이면을 드러내 보이고, 일종의 '사기' (작가 자신이 사용한 용어)와 이중조작에 대해서 상술하였다.

'공식적인' 철학자 — 그의 철학서에 나타나는 철학자 — 는 따로 있었고, 이제 '사적인' 철학자가 그 모습을 드러낸 것이다. 사상의 방식은 따로 있었다. 그리고 이제 대중은 그의 삶의 방식을 발견하게 된 것이다. 그때까지 알튀세르는 개념적인 담화를 비인칭적인 문체로만 표현해 왔다. 엄밀성을 철학의 열쇠로 꼽았고, 스피노자의 완벽한 냉정함을 찬미하였으며, 모든 종류의 비장감을 철학에서 제거했던 그가 180도 양상을 바꾼 것이다. 돌연 그는 도발적인 언사, 표변, 역설들로 말을 풀어나간다. 인터뷰가 끝나갈 무렵 클라이맥스 장면이 연출된다. 갑자기 그는 등 굽은 앙상한 몸을 일으켜 세우더니 교황을 만나러 가자고 제의하는 것이었다.

진담인가? 농담인가? 여기서 우리는 그의 정신적 붕괴의 전조 (이로부터 몇 달 후 그는 광기가 발작하여 아내를 목졸라 죽였다)를 보아야 할 것인가? 아니, 그 반대이다. 이제야 드디어 철학자는 자신의 일상적 진리 속에서의 참모습을 보여준 것이다. 가까운 친지들의 증언에 따르면 알튀세르는 도발적이고, 냉소적이며, 파렴치하고, 궤변론자에, 대중을(비교적 한정된 대중이라 할지라도) 기만한다고 했다.

하지만 온몸으로 철학에 의해, 철학을 위해, 철학만으로 살았던 그는 자신의 저서 속에서 이러한 모습을 정성들여 지우고 개인적인 흔적을 애써 없앴다. 얼마나 대단한 자기 부정인가! 그런데 이탈리아의 태양 아래 갑자기, 마치 마르크스주의와 공산주의에 대한 의혹이 변화시킨 자신의 모습을 드러낸 것이다. 우리가 보는 철학자는 더 이상 신스피노자주의 철학자가 아니었다. 그는 일종의 디오게네스였다. 돌연 우리의 철학자는 일상 속의 자신의 모습을 대중 앞에 드러낸 것이었다.

무대의 이면과도 같은 그의 인터뷰가 제공한 행보는, 배우가 더 이상 역할을 소화해 낼 수 없거나 대사를 외울 수 없다는 사실을 두려움에 떨며 인식하는 위기의 순간, 『자본론을 읽는다』와 『되살아나는 마르크스』의 무대 이면을 보여주었다는 점이다. 알튀세르의 최후의 교훈은, 이론은 단지 개념만의 문제가 아니라, 알튀세르 추종자들의 표현대로 애초부터 "항상 – 거기 – 있는" 생활 방식, 즉 도덕과 행동의 문제이기도 하다는 것이다. 예를 들어 교황을 만나러 가기 위해 자리에서 일어난다거나 하는……

7 한정된
군중 앞에서

누가 읽어줄 것인가

　　1637년, 41세의 저명한 수학자는 자신이 걸어온 길을 회상하는 글을 쓰기 시작한다. 그리고 "여자들도 그 안에서 뭔가를 얻을 수 있도록 하기 위해서" 프랑스어, 즉 통속어로 적어갔다. 그의 이름은 데카르트이며, 저서는 『방법서설』이라고 했다. 그는 그 시대 동료들의 꽉 찬 머리를 훌쩍 능가하여 넓은 대중에게 어필하고자 하였다. 이러한 선택은 자신에 대한 대담성이기도 하였다. 왜냐하면 데카르트의 머릿속에 어떤 논리가 펼쳐질 때, 즉각적으로 떠오르는 언어는 라틴어였기 때문이다.

　　라틴어, 그것은 학자의 언어이자 자신의 내적 언어였다. 라플레슈 학교에서는 라틴어로 쓰기 외에도 아침부터 저녁까지 라틴어로 말해야 했다. 이러한 규칙은 기숙사 내에서 다국어의 꿈들을 만들어냈을 것이다. 우리의 학생도 기나긴 하루 일과를 마친 후 라틴어로 수많은 꿈을 꾸었을 것이다. 그리고 아침이 오면 데카르트는 침대 안에서 늑장을 부리며 몽상을 이어나갔다.

그의 머릿속에서 이어지는 사고의 단편들과 단어의 조합들, 그 시대의 "원숭이 엉덩이는 빨개 – 빨간 건 사과 – 사과는 맛있다 – 맛있는 건 바나나 – 바나나는 길다 – 긴 것은 기차 – 기차는 빠르다 – 빠른 것은 비행기" 식의 조합들은 어떻게 이어져 나갔을까?

시와 바로크 식의 객설을 지극히 좋아하던 데카르트가 몽상의 조각들을 어떤 방식으로 어떤 언어로 꿰어갔을까? 라틴어로? 아니면 프랑스어로? 본질, 존재, 정수(精髓), 완벽 등에 대해서 사고할 때면 일단 그의 머리에는 라틴어가 먼저 출석하였다. 그러나 『방법서설』에서처럼 자신의 삶을 이야기할 때면 그의 지적 메커니즘은 마치 수륙 양용 자동차처럼 '통속적인' 언어 위에서 작동하기 시작하는 것이었다.

기계 장치에 관심이 많았던 이 철학자는 진흙투성이의 프랑스 늪지대로 돌진하는 덤프트럭과도 같은 전천후 철학을 고안해 낸 것이다. 현학자들에게는 안된 일이었다! 근엄성은 어디 있는가, 철학의 풍모는 어디 있는가? 그런데 이 배짱 좋은 철학자는 기회가 되면 교리의 언어, 대가들의 언어를 사용하는 일도 마다하지 않았다.

그는 『성찰록』, 『철학 원리』, 『정신 지도 규칙』 등의 저서를 라틴어로 저술하였다(그리고 나서 프랑스어로 번역하게 하였다). 그의 학술서적은 소르본 대학과 기타 유럽의 대학이나 아카데미를 겨냥한 것이었다. 『방법서설』은 보다 넓은 '대중'(수치상으로는 무한히 적지만)을 겨냥하였다. 그것은 살롱과 왕실이었다. 여자들까지 포함하여.

철학자로서 말한다는 것, 그것은 말의 메아리를 한정시키고, 공간을 구획하고, 문턱을 그리고, 문의 넓이를 규정하는 것이다. 에피쿠로스 학파는 "현자는 학파를 세우는 것으로 만족할 것이며, 자신의 뒤로 군중을 모으는 일은 원하지 않아야 할 것이다"라고 말했다. 전언이 널리 퍼져나가면 나갈수록 그 내용은 기형화되기 때문이다.

그렇다면 아무리 비종교적이고 공화주의적인 철학자라도 일단 철학자라는 직업을 가진 이상, 그저 무대 뒤를 향해서 보이지 않는 청중만을 상대로 말해야 하는가? 철학은 보편성을 지향하지만, 그 표현에 있어서는 항상 특수 집단을 대상으로 하는 특별한 방식을 갖고 있었다. 알랭(Alain)은 "나는 1,000명을 위해서 저술한다"고 말하곤 했다.

철학이 대중을 상대로 하는 경우 어떤 일이 발생하는가? 이때 철학은 끔찍스러운 상투어, 구제불능의 판박이가 되고 만다. 형이상학은 요리법 노트가 되고 '대입시험의 기초'로 변질한다. 따라서 우리가 시중에서 손쉽게 구할 수 있는 것은 플라톤과 '플라토닉한 사랑', 마키아벨리와 '마키아벨리즘', 루소와 '자연으로의 귀향' 등이다. 마르크스? 그는 모든 것을 '경제' 에 입각하여 설명했다. 프로이트? 그는 모든 것을 '성(性)' 에 입각하여 설명했다. 이성(理性)의 대중적 성공은 괴물을 잉태시킨다.

어쨌든 저자들에게는 잘된 일이라고 해야 할까. 그들은 저서를 남김으로써 사후의 명성을 추구하였고, 이제 그것을 얻었다. 하지만 자신의 정신에서 태어난 자식을 갖고자 원했던 그들은 사생아만을 남겼다. 보다 통찰력 있는 플로티노스 같은 철학자는 스스로를 보호하고자 했다. 그는 신중하게 선발한 몇몇 사람들에게만 자신의 저서를 의탁하였다. 이들 제자들은 믿을 만한 독자로서, 스승의 철학을 적절하게 전파하는 의무를 맡았다.

철학자는 책으로 말한다

『윤리학』은 스피노자가 남긴 가장 중요한 저서이다. 그러나 스피노자 자신은 이 책의 출판을 절대로 원하지 않았다. 그것은 너무나 위험한 일이었다. 한 사상가가 이 정도의 대작을 서랍 속에 묻어둘 수 있었던 그 시대야말로 진정 영광스러운 시대이리라! 동일한 안전상의 이유로 『지성 개선론』과 『정치론』도 대중에게 공개되지 않았다. 단지 교수법에 관련한 간단한 소논문인 『데카르트 철학 원리』만이 출판되었는데, 이것 하나만으로도 그를 유명 인사로 만드는 데에는 충분했다.

스피노자가 출판에 동의한 유일한 저서는 『신학 정치론』이었다. 그는 좋은 세상이 오기를 기다리면서, 네덜란드에 사는 몇몇 친구들을 위해서만 저술을 하였다. 특히 그는 다른 철학자들을 경계했다. 위선적인 라이프니츠가 『윤리학』의 자필 원고를 보여달라고 부탁했을 때 거절하지 않았던가.

스피노자의 사후에 우리는 그의 신중함이 결코 사치가 아니었음을 확인할 수 있었다. '스피노자파' 라는 단어는 화형대로 곧장 보내질 수도 있다는 의미를 담은 것이었다. "신의 저주에 의해 '가시로 뒤덮인 이 땅(*terra spinoza*)' 은 그보다 더 저주받은 인간, 그보다 더 까다로운 저서를 품지 못했다" 라고 18세기의 한 논쟁가는 썼다. 스피노자? 실제로 그는 매우 까다로운 철학자였다.

"말은 날아가지만 글은 남는다." 글이 남는다는 것은 사실이지만, 남겨진 글은 원고를 횡령하는 자, 직업적인 방부처리업자, 모든 문학 장르의 변형가의 손에 남겨지고 만다. 저작권을 가진 제자나 상속자들은, 작가 자신이 폐기하려고 했던 저술들을 출판하고 작가가 출판하려고 했던 작품들을 숨기는 짓을 서슴지 않는다. 어떤 경우에는 아예 책을 다시 써버린다. 니체의 여동생 엘리자베스가 니체의 원고를 발견했을 때 이러한 일이 벌어지기도 했다. 그녀는 니체를 나치주의의 선구자로 만들어버린 것이다.

베르그송은 그가 출판하지 않은 글은 사후에 절대 출판되어서는 안된다는 지시사항을 죽기 전에 일부러 글로 남겼지만, 『베르그송 연구』라는 잡지를 중심으로 모인 '충실한' 제자들은 스승의 의지를 무산시키는 일을 서둘렀다.

모든 것이 말 위에 ― 말하자면 철학자가 참석한 자리에서 ― 성립된다면, 철학자가 대중 앞에 모습을 나타내는 일도 적당히 조절해야 할 일이다. 에피쿠로스 학파는 "숨어서 살아라"라고 충고하였다. 피타고라스는 모습을 드러내는 일을 최대한 삼갔다. 그의 제자들은 5년 동안 단지 스승의 말씀을 경청할 수 있었을 뿐, 스승이 그럴 만한 가치가 있다고 판단하기 전까지는 그의 모습을 절대로 볼 수 없었다. 일단 스승으로부터 받아들여진 제자는 그 순간부터 피타고라스 가족의 일원이 되었고 그의 앞에 나설 수 있는 허가를 받았다. 피타고라스가 TV에 출연한다면? 그럴 수는 있을 것이다. 그렇지만 이때 그는 역광의 위치에서만 자기 모습을 보이게 했을 것이다.

1820년 3월 쇼펜하우어는 베를린 대학에서 "쇼펜하우어는 철학 전체, 즉 우주와 인간 정신의 정수에 대한 이론을 강의한다"라는 제목으로 새 강의를 개설하였다. 200여 명의 학생들이 헤겔의 강의를 듣기 위해 아귀다툼을 하는 동안 쇼펜하우어의 강의실은 한 주가 다르게 비어가기만 했다. 그해 2학기에 그의 강의는 청강생이 부족하다는 이유로 폐강되는 지경에 이르렀다.

1825년에 그는 다시 강의를 시도하였지만 또 실패를 맛보았다. 1827년에는 바이에른 지방의 부르츠부르크 대학과 하이델베르크 대학에 자리를 얻고자 지원하였다. 그러나 그를 원하는 곳은 아무 곳도 없었다. 1819년에 출판한 『의지와 표상으로서의 세계』는 실패작이었다. 그러다가 63세에 『여록과 보유』가 출판되면서 갑작스럽게 유명해졌다. 기록적인 사건이었다.

대개의 경우 철학자의 생은 40세경에 시작된다. 그런데 63세라니! 사진기자들이 몰려들었다. 그는 사진사들의 은판 사진에 나타난 자기 모습을 보고 스스로 미남이라고 만족해 하면서 사진 찍기를 즐겼다. "이 사진은 지금까지 그려진 어떤 초상보다 나의 이마와 코를 완벽하게 보여준다. 이것은 값을 매길 수 없는 작품이다."

이제 우리의 인간 혐오자는 기꺼운 마음으로 자신의 사인을 넣은 사진을 여기저기 헌정하고, 조각가 앞에서 포즈를 취하며, 자신이 은둔하고 있는 프랑크푸르트로 그를 찾아오는 전 유럽의 인사들을 맞이하고, 인터뷰에도 응하였다. 더욱이 여성 혐오자로서 명성을 날리던 그가 이제는 많은 여성 추종자를 가졌다고 자부하기에 이르렀다.

그러나 그는 다음과 같은 글을 남기기도 했다. "고대 그리스인들이 고안해 낸 신비의 개념은 참으로 뛰어난 개념이다. 그것은, 진리에 접근할 수 없는 대중의 무리 가운데서도 어느 정도까지는 진리를 서로 교류할 수 있는 몇몇 인물을 선택할 수 있다는 가능성에 기반을 둔 것이다." 쇼펜하우어는, 신비가 사고에 잘 어울리는 것은 사실이지만 이미지를 위해서라면 약간의 홍보도 해로울 것은 없다고 생각했던 것이다.

동조자 소크라테스와 반애국자 데카르트

소크라테스의 변명

적어도 한 번, 소크라테스는 아테네를 떠나는 것이 옳았다. 스파르타의 점령과 30인 참주시대에 진정한 아테네 시민으로서의 의무는 도시를 떠나는 것이었다. 소크라테스가 민주주의의 반대편에 섰다고 하는 이 사실은 어떠한 변명으로도 지워버릴 수 없다. 실제로 그 때문에 '해방'이 되었을 때 그는 상당한 고초를 겪기도 했다. 1945년 '나치 동조' 프랑스 지식인들 몇몇이 겪어야 했던 것처럼.

당시의 '파시스트'들은 30인이라고 불렸다. 그런데 귀족들로 구성된 이 평의회의 선두에 소크라테스의 제자 크리티아스와 플라톤 학파의 카르메니데스 등이 버티고 있었던 것이다. 스스로 사상을 '낳게 하는' 사람이라고 자처했던 소크라테스가 어떻게 훗날 아테네 민주주의에서 큰 오점으로 남게 되는 알키비아데스, 카르메니데스, 크리티아스 같은 제자들을 두게 되었을까?

30인 참주의 책임을 소크라테스에게 물어야 했을까? 어쨌든 민주주의자들의 결론은, 나무는 그 나무의 열매로 평가되어야 한다는 것이었다. 소크라테스가 30인 편에서 직접 나서서 활동한 일이 없다는 것은 사실이다. 그러나 민주주의의 복원을 준비하기 위해 유배생활을 자청했던 많은 시민들과는 달리, 참주정치에 능동적으로 저항한 일도 전혀 없다. 평소에는 그렇게도 언변좋고 독설가였던 소크라테스가 30인에 대해서는 입을 다물었고 빈정대기를 잊었던 것이다.

반면 그는, 군사 독재 체제의 스파르타에 대한 호감은 한 번도 숨기지 않았다. 그런데 오늘날이라면 당연히 '극우주의'라고 평가될 이러한 소크라테스의 입장이, 비종교적이고 공화적이며 민주적인 우리의 교육 체계 안에서 그의 인기를 조금도 훼손시키지 않았다는 사실은 참으로 짜릿한 역사의 묘미가 아닐 수 없다. 소크라테스는 하나의 지표로 남았다. 철학의 거장으로.

소크라테스는 사형을 받을 만큼 중죄인은 아니었다. 소크라테스 자신이 어느 정도는 사형을 자초한 면이 있었다. 재판이 진행되는 과정을 한번 살펴보자.

법정을 가득 메운 500명의 재판관들이 71세 노인의 죽음을 바란 것은 아니었다. 500명이라! 이들 모두가 소크라테스의 적은 아니었다. 그런데 참으로 놀랍게도 소크라테스는 자신의 변호를 거부했다. 시민재판관들에 대한 경멸감을 노골적으로 나타낸 것이었다. '민중', 즉 상인들과 수공업자들에 의해 재판을 받는다는 사실에 그의 심기가 심히 뒤틀렸던 것이다.

따지고 보면 소크라테스 자신도 일개 산파의 아들이었다. 그러나 그는 나름대로 자부심을 가지고 있었다. 오만하고 도발적인 피고의 태도에도 불구하고, 법정은 약소한 표 차로(30표) 유죄를 선언했다. 그러나 소크라테스가 원하기만 한다면 아직 살아날 길은 있었다. 그런데 형을 언도하는 2차 재판에서 그는 연극적인 장면을 벌이고 만다. 자신이 받아야 할 처벌은 영웅으로서의 인정이며, 자신의 여생의 생활비는 아테네 시가 부담해야 할 것이라고 선언했던 것이다.

재판관들은 기가 막혔다! 이 자는 순교를 자청하고 나선 것이나 다름없었다. 결국 그는 원하던 것을 얻게 된다. 배심원들은 강력하게 처벌을 주장하였고, 2차 재판에서는 절대 과반수로 사형이 표결되었다. 소크라테스의 고집과 오만이 사형이라는 판결로 몰고 간 것이었다.

고작해야 플라톤과 크세노폰이 이끄는 소규모 학파의 12명 정도의 부유층 젊은이에게나 영향력을 행사하는 늙은 소크라테스를 제거함으로써 아테네는 독재 체제의 종말 시대를 참으로 허무하게 개막하였다. 뒤에 남겨진 제자들은 스승의 유지를 변호하기 위하여 스승과의 대화와 '변명'을 애써 기록해야 했다. 실제로 소크라테스의 사후 명성을 위해 '변명'은 필수적이었다.

만약에 그가 천수를 다하고 평화롭게 죽었다면, 그는 플라톤의 대화편 속에 기록된 영웅 정도로만 기억될 뿐, 그 이상의 명성은 누릴 수 없었을 것이다. 그런데 독당근이 그를 구해주었다. 철학의 순교자, 비평정신의 순교자! 소크라테스의 신화는 24세기 전부터 이어져 내려오고 있다.

네덜란드에 숨은 데카르트

데카르트는 암스테르담에 살던 시절 소의 몸통을 해부하곤 했다. 그는 푸줏간에서 소의 부위를 골라 집으로 배달시켰다. 고기가 도착하면 면도날과 칼, 메스 등을 맡아 준비하는 조수와 함께 고기를 자르고, 껍질을 벗기고, 살을 갈라내고, 토막냈다. 데카르트는 방문객과 악수하기 전에 앞치마에 손을 닦아야 하는 그런 종류의 철학자였다.

네덜란드 해안에 위치한 프라네커에서 데카르트는 미도르주와 페리에를 불러 정예 연구팀을 구성하였다. 미도르주는 렌즈 제작에 필요한 광학계산을 했고 페리에는 유리를 조탁했다. 데카르트는 이곳에 자그마한 저택을 하나 임대했다. 바람이 쓸고 가는 이 동떨어진 땅을 찾아오는 방문객은 거의 없었다. 그들의 작업은 극도로 비밀리에 진행되었다. 그들은 몸을 사려야 했다. 리슐리외

재상과 오랑쥐 공작이 그들의 연구에 지대한 흥미를 보이고 있었기 때문이다. 천문관찰용 안경은 '군사 기밀'에 속하는 것으로, 국방에 있어서 중요한 의미를 지니고 있었다. 데카르트는 이 같은 첨단기술의 선두주자이기도 했다.

데카르트에게는 피코 사제라는 절친한 친구가 있었다. 파리에서 둘째가라면 서러워할 난봉꾼인 이 친구와 함께 데카르트는 유쾌한 나날을 보냈다. 데카르트는 상당히 노련한 노름꾼이었다. 그는 금리에서 나오는 정기 수입을 보충하기 위해 돈을 모으려는 심산으로 주로 내기 게임을 즐겼다. 데카르트의 게임 방법은 어떤 것이었을까? 그것은 『방법서설』에서 전개하는 방법과는 완전히 다른 것이었다. 엘리자베스 공주에게 보낸 한 서신에서 그는, 행운이 따르려면 일단 행운을 믿어야 한다고 설명하고 있다. 자기확신은 좋은 패를 불러온다는 것이다.

여성들과의 관계에서도 마찬가지로 데카르트는 단호하고 거리낌없는 마음가짐으로 목표점까지 돌진했다. 작은 키에 허약했던 그였지만, 모험을 즐기는 지성인들만의 특별한 매력을 발산하는 그는 살롱의 여인들을 사로잡았다. 게다가 상대의 눈을 꿰뚫는 듯한 두 개의 검은 눈동자란……

더욱이 그는 학자로서, 그리고 군인으로서 탁월한 경력을 자랑하고 있었다. 그의 수학적 발견은 전 유럽에 널리 명성을 떨치게 했으며, 29세까지 그는 수많은 군대의 깃발 아래서 복무한 바 있었다. 그 가운데는 가장 근대적이고 가장 멋진 군대인 모리스 드 낫

소 — 신교도 부대였다! — 의 부대도 있었다. 그런데 사람들은 모험으로 가득 찬 그의 인생을 단지 소문을 통해서만 전해들었다. 그리고 이렇게 들은 이야기를 다른 사람들에게 소근거렸다. 데카르트는 자기 자신에 대해서 일언반구도 떠벌리지 않았다.

데카르트는 기계장치에도 큰 관심을 기울였다. 데카르트가 아끼던 동료 가운데 에티엔 드 빌브러시유라는 인물은 그의 조력을 받아 여러 가지 놀라운 기계를 발명했다. 예컨대 안전하게 탑에서 내려올 수 있도록 미끄럼틀 비슷하게 설계한 이중나선장치, 줄타기 등반을 위해 고안한 자동폐쇄장치가 달린 나무집게, 넓고 깊은 웅덩이를 지나가기 위한 순환식 이동 교량, 좁은 하천을 통과할 수 있는 간편한 조립식 선박, 다친 병사들을 위한 수레형 의자 등을 꼽을 수 있다.

"프랑스인들은 데카르트의 합리적 사상을 이어받았다"라고들 한다. 그런데 데카르트가 진정 프랑스인이었는가? 1622년에서 1648년 사이 데카르트가 고국에서 보낸 기간은 고작 6년뿐이었다. 그가 조국을 사랑한 것은 사실이지만, 그는 항상 먼 곳에서 조국을 생각했다.

데카르트는 생애의 대부분을 네덜란드에서 보냈다. 그리고 아주 드물게 한 번씩, 그것도 가능한 한 짧은 체류 기간으로 파리나 고향 푸아투 지방으로 훌쩍 달려왔다가는 다시 떠났다. 천주교 보수주의의 승리, 내란, 억압, 반계몽주의 등의 분위기 속에 있던 당시의 프랑스에는 데카르트처럼 자유분방한 인물을 사로잡을 만한 것이 전혀 없었다.

반면 네덜란드는 좀더 쾌적한 환경을 제공했다. 그로부터 4세기가 지난 후, 나치 치하의 유럽 지식인들에게 은신처가 되었던 미국처럼, 당시 지식인들에게 피신처를 제공하던 이 '합중지방'(당시의 네덜란드를 현대의 미합중국에 빗대어 표현했다 – 옮긴이)의 자유주의 정신이 데카르트에게는 훨씬 매혹적이었던 것이다. 당시의 암스테르담은 오늘날의 뉴욕과 유사한 점이 많았다.

데카르트 같은 유명인사도 그곳에서는 익명성을 보장받을 수 있었다. 암스테르담뿐만 아니라 라에덴, 위트레흐트, 프라네커 쪽으로 몇 킬로미터 정도만 나아가거나 에그몬트 등의 물안개 속으로 들어가면 그를 방해할 자는 아무도 없었다. 스웨덴으로 떠나기 전에 데카르트는 에그몬트에서 5년을 보냈다. 타고난 유랑자 데카르트의 정착 기간으로 최장 기록이었다.

데카르트는 '근대적인' 철학자가 아니다. 바로 그러한 점 때문에 그는 존경받을 만하다고 말할 수 있다. 그는 글쓰기를 싫어했다. 특히 철학서를 쓰는 것은 더욱 싫어했다. 그보다는 편지 쓰기를 즐겼다. 아담(Ch. Adam)과 태너리(P. Tannery)가 편집한 데카르트의 전집 11권 가운데 5권은 서신이었다.

그는 특정한 직업도 없었다. 군인, 문인, 기계공, 사교인, 자유사상가, 가장, 결투애호가 등 그는 거의 모든 역할을 돌아가면서 한 번씩 해보았고, 그 가운데 가장 상반되는 역할들도 해보았다. 그는 자신의 엄청난 에너지와 뛰어난 조형성을 간단히 한 마디로 설명하는 단어를 가지고 있었다. 바로 '관용'이라는 단어였다.

글쓰기 방법에서도 그는 구태의연했다. 우리들로서는 참으로 유감스럽고 곤혹스럽기 그지없는 노릇이다. 그가 구사하는 문장들은, 예전에 학교 선생들이 그의 머릿속에 열심히 주입시켰던 라틴어 연설문을 그대로 베껴온 것 같았다. 이리저리 돌아가는 긴 문장, 여러 개의 절을 끼워맞춘 문장, 무거운 논리적 분절 등 데카르트는 먼지 날리는 수사법 뒤로 숨어들기를 즐겼다. 어휘와 문법이여, 고이 잠들라. 동시대의 파스칼은 간결하고 딱 부러지는 문장을 구사했다.

그러나 먼지가 풀풀 날리는 문체 아래 번득이는 기지가 있었으니, 『방법서설』이 품고 있는 강한 힘을 생생하게 보여주는 데에는 약간의 손질로 충분하다. 일단 『방법서설』의 첫 부분을 구어체 문장으로 치장하는 일을 시도해 보자. 자, 이제 '페롱의 기사'(데카르트의 고향 포아투 지방의 영지명 '페롱'을 따서 스스로 페롱의 기사라고 자처하였다 ─옮긴이)가 우리를 너그러이 용서하기를.

데카르트의 원문은 다음과 같다.

> 양식(良識)은 세상에서 가장 공정하게 분배된 것이다. 왜냐하면 모든 사람들은 각자 자신이 충분한 양식을 가지고 있다고 생각하며, 만사에 완전히 만족하지 못하는 사람들까지도 현재 자신이 가지고 있는 것보다 더 많은 양식을 가지고자 원하는 경우는 거의 없기 때문이다. 이 점에 대해서 모든 사람들이 잘못된 생각을 가지고 있는 것 같지는 않다. 오히려 우리가 양식, 혹은 이성이라고 이름붙인 능력, 즉 옳게 판단하고 참과 거짓을 분별하는 능력은 모든 사람들에

게 균등하게 배분된 것이라는 사실을 설명해 주는 것이다. 그러므로 우리들의 의견이 다양한 것은, 일부 사람들이 다른 사람들에 비해 더 양식적이기 때문이 아니라, 우리가 각자 다양한 방식으로 자신의 생각을 이끌기 때문이며 우리 모두가 동일한 것들을 생각하지 않기 때문이다.

왜냐하면 훌륭한 정신을 소유한다는 것만으로 충분한 것이 아니라, 중요한 것은 이를 훌륭히 적용하는 것이기 때문이다. 가장 심오한 영혼을 가진 자들은 가장 큰 덕을 수행할 수도 있지만 가장 악덕한 행위를 범할 수도 있으며, 지극히 느린 속도로 걷는 사람들일지라도 올바른 길만 따른다면, 매우 빨리 질주하면서 올바른 길에서 멀어지는 사람들을 크게 앞지를 수 있다.

나로 말하자면, 나는 내 정신이 다른 일반 사람들의 정신보다 더 완벽하다고 생각해 본 일은 결코 없다. 심지어 때로 나는 다른 사람들이 가진 민첩한 정신이나 선명하고 분명한 상상력을 갖게 되기를 희망하였다. (……)

그러나 나는 젊은 시절부터 나를 사유와 격언으로 인도한 여러 길을 만날 수 있었다는 행운을 가졌다는 사실만은 두려움 없이 말할 수 있다. 이러한 사유와 격언으로부터 나는 나의 지식을 단계적으로 증진시키고, 범상한 나의 정신과 내 인생의 짧은 기간이 허락하는 한에서 나의 지식을 어느 정도 최고의 수준으로 향상시킬 수 있는 수단을 내게 제공한다고 사료되는 하나의 방법을 형성하였다.

구어체 문장으로 치장하면 다음과 같다.

너나 할것 없이 인간은 모두 똑똑하다. 그 증거로, 불평불만을 일삼는 자들이나 심지어 열등감을 가진 자들도 다들 자기가 잘났다고 하지 않는가. 스스로 멍청이라고 하소연하는 자는 세상 어디에도 없으니 놀라 자빠질 일이 아닌가. 고로 나는 지능, 분별력, 양식, 이성 ─ 원하는 대로 아무렇게나 이름붙여도 무방하다 ─ 등은 누구나 태어날 때부터 똑같이 분배받는다고 결론짓겠다. 그런데 인간들은 왜 그리도 서로 못 잡아먹어 싸워대고 의견들이 분분할까? 어떤 자는 다른 사람들에 비해 잔머리를 조금 더 잘 굴리기 때문이라고 대답할 수도 있다. 그렇지만 나는 그게 아니라고 대꾸하겠다. 그 진정한 이유는, 사람들이 다들 만사를 아전인수식으로 보기 때문이며, 각자의 자구책을 위해서 나름대로 사고하기 때문이다.

지능지수가 높다거나, 회색세포가 억수로 많다고 해서 모든 것이 해결되는 것은 아니다. 요는 그 머리를 제대로 사용할 줄 알아야 한다는 말이다. 왜냐면 깃발 날리는 잘난 놈들도 광채를 발할 수도 있는 만큼 수렁에 빠질 수도 있기 때문이다. 결국 롱샹 경마장에서 하는 이야기처럼, 앞만 보고 달려가는 비루먹은 말이, 사방팔방으로 질주하는 명마보다 훨씬 앞서 결승점에 골인하는 법이다.

내가 여러분에게 이야기를 늘어놓기는 하지만, 그렇다고 내가 다른 누구보다 똑똑하다고는 생각하지 않는다. 나의 머리가 형광등 같다는 사실을 이렇게 자주 느끼지 않았으면 좋겠다. 또 몇몇 사람들이 지닌 창조력과 기억력, 그리고 뛰어난 기지를 조금이라도 나눠 가졌으면 하는 바람이 있다. (……)

그렇지만 이것만은 당당하게 말할 수 있다. 즉 젊은 시절에 나는 엄청 재수가 좋았다는 것이다. 내 주위에는 자아계발을 고무하는 사람들이 많이 있었고, 그래서 나는 뇌세포를 돌아가게 하는 환경 속에서 살았다. 사정이 그렇다 보니 내가 세상에 마지막 하직인사를 드리고 떠날 때까지(사실 따지고 보면 우리는 별 것 아니다) 나는

혼자 깨우치고 조금씩, 그렇지만 확실히 발전하는 방법을 나름대로
고안하게 된 것이다. 나를 천재적이라고 할 수는 없지만, 적어도 나
는 내 약소한 두뇌를 움직이는 방법은 알고 있다. 그게 전부다.

9 불결한 육체, 위대한 정신

철학자들의 거렁뱅이 전통

불결함은 오랫동안 철학자들의 특징으로 건재해 왔다. 헝클어진 머리카락, 버짐이 핀 피부 등, 더러움을 통해 규범에 대한 경멸을 과시하던 디오게네스와 견유주의 철학자들에게 불결은 지혜의 외적 표현이었다.

상식적인 사고? 그것은 잘 씻는 사람들이나 할 일이다! 사회의 기생충인 철학자들은 피부 위나 털 속에 자그마한 자연의 기생충들을 기꺼이 수용했다. 목욕? 그것은 영혼을 나약하게 만드는 여성적인 여가생활일 뿐이었다. 이런 일에 철학자들은 아예 발도 담그지 않는다. 철학자의 배움을 얻고자 하는 제자들은 일단 코를 막는 법부터 배워야 했다.

세월이 흐른 후, 종교적이고 수도원적인 철학자의 생활에서도 이 점에 대해서만은 변함이 없었다. 3세기 사막에서 은둔하던 수사들이 결정적인 한 가지 단서를 제공한다는 바, 은자(隱者)의 외투는 적어도 3일 동안 문밖에 걸어놓아도 도둑맞지 않고 그대로 놓여 있어야 한다는 것이다.

철학자들의 거렁뱅이 전통에도 예외는 있다. 17세기 스피노자의 전기작가는 "스피노자는 일반적인 철학자들에게서 대단히 찾아보기 어려운 장점을 가지고 있었다. 그것은 그가 극단적으로 청결했다는 사실이다"라고 설명한다.

그러나 20세기에 와서 사르트르는 과거의 '청결이성비판'을 허풍스럽게 부활시켰다. 1940년 군대에 소집된 『더러운 손』의 저자는 많은 군인들 사이에서 쉽게 눈에 띠었다. 그의 팔뚝은 비누와는 완전히 상극인 듯했다. 부대 동료들은 그에게 "검은 장갑의 사나이"라는 별명을 붙여주었다. 그의 방에서는 악취가 났다.

지나가는 행인들을 불러 세워 동냥을 하며 살아가던 견유주의 철학자들, 그리고 그들과 유사한 부류의 철학자들에게 면도는 물론 빗질도 하지 않은 턱수염은 필수적인 장신구였다. "자연에 순응하며 산다"는 것은, 피부의 작은 털 하나하나까지 있는 그대로 존중하고 철제 칼날을 피부에 갖다 대지 않는다는 것을 의미했다.

물론 털을 뽑는 일도(로마인들은 면도보다는 탈모를 선호했다) 안되었다. 그러나 고대 말엽에 와서 턱수염은 실추하고 만다. 마르크스와 바슐라르를 제외하면 턱수염을 기른 마지막 철학자는 성 아우구스티누스였다.

반면 콧수염은 찬란한 역사를 누리게 된다. 17세기에는 '신사'였던 철학자들은 자신이 신사라는 사실을 홉스 식으로 과시하고자 하였다. 홉스의 전기작가 오스턴은, "그는 철학적 준엄함이라는 인상을 주지 않기 위해서 존경심을 유발할 수도 있는 턱수염을 깎았다. (……) 반면 붉은빛이 도는 금발의 콧수염은 위쪽을 향해 솟아 있었다. 이는 생동감 있는 정신의 표지(標識)로서, 홉스에게는 물론 당연한 일이었다"라고 적고 있다.

철학자의 옷가지들

견유학파의 창시자 안티스테네스(Antisthenes)는 철학적 외투를 고안해 냈다. 그리스어로는 트리본(tribôn)이라고 하고 라틴어로는 팔리움(*pallium*)이라고 불렸던 이 외투는 실상 거친 헝겊 조각에 불과했다. 그러나 트리본은 상당히 실용적인 옷이어서, 원하는 대로 접을 수도 있었으며, 단순한 옷의 기능을 넘어 침구가 될 수도 있었다. 진정한 휴대용 가옥이었다. "간편한 외투를 입은 개"라는 안티스테네스의 별명도 바로 여기서 나온 것이다.

전하는 말에 따르면, 견유학파 철학자들은 길거리에서 만사를 처리했다고 한다. 하물며 애정행위까지도. 이때 트리본은 아마 총각의 방 구실을 했을 것이다. 그것은 외투 아래에서 '철학하는'

그들만의 방식이기도 했다.

철학자의 투박한 외투에는 일종의 속물주의도 숨어 있었다. 오늘날의 찢어진 청바지와 비슷하다고 할까. 닳아서 해지면 해질수록 더 근사하고 멋졌다. 세상물정에는 전혀 무관심한 학자를 자처하던 안티스테네스에게 소크라테스가 하루는 한마디 툭하고 던졌다. "자네 외투에 난 구멍을 보니, 자네가 세인의 평판에 얼마나 관심이 많은지 알 수 있겠네."

몇 세기 후 라크탄티우스라는 로마 사람은 이렇게 꼬집기도 했다. "그들은 턱수염과 외투로만 철학의 신비를 찬양한다." 또 아티쿠스 헤로데스는 고대 로마의 자주족, 비트족, 바바쿨족들을 비웃으며, "턱수염과 외투는 보이는데 왜 철학자는 눈에 띄지 않는가"라고 냉소적으로 말했다.

옷가지 이야기가 나온 김에, 안티스테네스의 제자인 아리스티포스(Aristippos)도 필히 언급해야 할 것이다. 외투 과목에 있어서만은 스승의 영향을 전혀 받지 않았던 그는, 주로 여성들과 세련된 일부 남성들이 착용하던 얇은 모직의 긴치마 클라미드를 걸치고 다녔다. 그를 비판해야 했을까? 아리스티포스는 자신의 철학을 요약하는 한 마디 슬로건을 가지고 있었다. 즉 부유한 사람의 집에서도 가난한 사람의 집에서처럼 ─ 그는 철학 자문의 대가로 금전을 요구할 생각을 처음 해낸 인물이다 ─ 편안함을 느껴야 한다는 것이었다. 그의 철학의 비밀은 주어진 상황에 적응한다는 것이었다. 상황에 따라 화려한 클라미드를 입을 수도 있었고 초라한 트리본을 입을 수도 있었다.

1768년 그림(Friedrich Melchior von Grimm, 독일의 작가, 비평가 – 옮긴이)은 친구 디드로를 만나기 위해 타란가(街)에 위치한 집무실을 찾아갔다. 디드로가 대단히 사치스러운 새 실내복을 입고 있는 것을 보고 그림은 짓궂은 농담으로 꼬집어주었다. 며칠 후 디드로는 "낡은 실내복에 대한 회한"이라는 제목으로 이런 글을 썼다.

"왜 나는 낡은 실내복을 버렸는가? 친구들이여, 부의 폐해를 두려워하라! 나의 과오가 그대들에게 가르침을 주기를(……). 오 디오게네스여, 아리스티포스의 호사스러운 외투를 걸친 당신의 제자를 본다면 당신은 얼마나 웃을 것인가!"

철학자의 부르주아화는 실내복에서 시작된다.

1762년 칸트의 친구들은 칸트에게 새 옷을 한 벌 마련해 주기 위해 약간의 돈을 갹출하였다. 당시 우리의 철학자는 프리바트도젠트, 즉 대학에서 보수를 받는 것이 아니라 학생들이 내는 수업료로 생활하는 사강사에 불과했다. 모든 생활비는 학생들이 선뜻 내주는 수업 수당에 의존할 수밖에 없었다. 그런데 개중에는 가난한 학생도 있었고, 돈을 잘 안 내는 학생도 있었으며, 칸트의 동료가 추천해서 들어온 학생도 있었다. 참으로 고달픈 직업이었다!

그가 뇌세포를 갈고 닦는 동안 의복은 닳아서 반짝반짝 윤이 났다. 그의 명성이 조금씩 확립되는 사이 의복의 올은 풀려나갔다. 이러한 터에 그를 따르던 사람들이 새 옷 계획을 추진한 것이었다. 그러나 신세를 지기보다는 마음의 자유를 원했던 칸트는 기어

이 선물을 거부하였다. 그는 자신의 재정상태가 호전되기를 기다렸고, 60세에 가까웠을 때에야 옷장의 내용물을 교체할 수 있었다. 그리고는 곧 잃어버린 시간을 회복했다. 얼마 지나지 않아 칸트는 "우아한 학자님"이라는 별명을 얻게 되었다.

1762년 루소가 스위스의 모티에 트라베르에 머물고 있을 때였다. 그는 가지고 있던 옷을 모두 버리고, 발까지 내려오는 긴 외투와 모피로 만든 모자 등 아르메니아 복장(유대인 전통복장과 비슷함 – 옮긴이)으로 갈아입기로 결정하였다. 베른 의회로부터 이베르동에서 추방당하고, 종교의 적으로 낙인찍힌 루소는 모티에 마을에 도착하자마자 적대감 어린 시선을 한몸에 받았다.

더군다나 마을 목사는 주민들에게 어필하는 몇 차례의 설교를 통해서 하루가 다르게 긴장감을 증대시켰다. 새로운 복장도 아무 효과가 없었다. 아르메니아 사람이라니……. 결국 유대인이라는 말이었다. 루소가 이 복장을 통해서 노린 것도 바로 그 점이었다. 학대받는 자, 발붙일 곳 없는 자, 영원한 유배자, 즉 루소 자신이었다. 어느 누가 그를 공격할 수 있겠는가?

그런데 대답은 오래 기다릴 필요도 없었다. 1765년 9월의 어느 날 밤, 주민들은 철학자의 덧창 위로 우박처럼 떨어지는 돌멩이로 답하였던 것이다. 한 철학자, 그리고 투석 형벌. 스위스의 깊고 깊은 마을에서 웬 갑작스러운 소동이란 말인가! 다음날 새벽, 루소는 헐레벌떡 짐을 꾸려서 다른 지방으로 떠났다. 그는 자기 짐만 챙겨서 떠났다. 농부들의 노여움을 상대하는 일은 내연의 처 테레즈에게 과감히 맡기고서 말이다.

훗날 그는 이 괴이한 복장을 정당화하기 위해서, 자신은 방광에 질환이 있어서 신장의 관장을 통해서만 소변을 볼 수 있었다는 등 의학적인 사유를 들고 나온다. 크게 설득력 있는 논거는 아닌 듯하다. 그리고 덧붙여 말하기를, 여장을 함으로써 자신이 "절반 이상은 여성"이라는 느낌을 받았다고 고백했다. 그의 기상천외한 복장은 진정 장점만을 가지고 있었던 듯하다.

'유대인', 병자, 여자 등 루소는 약자와 희생자의 보편적인 표상에 대한 환상적인 변장법을 찾아낸 것이었다.

10 웅대한 정신, 작은 음경

세네카의 냉수욕

체조를 할 것인가, 철학을 할 것인가? 『구름』에서 아리스토파네
스는 아테네 젊은이에게 경고하기를, "철학을 하는 것은 건강에
해롭다"고 하였다. "그렇게 하면 당신은 창백한 안색, 좁은 어깨,
죄인 가슴, 긴 혀, 가냘픈 둔부, 커다란 음경을 가지게 될 것이다."
그러니 아직 스포츠라고 이름붙이지 않은 그 일, 체조를 하는 것이
나으리라는 이야기다. "내가 말하는 바대로 온 정신을 쏟아 성심
껏 실행하면 당신은 건장한 가슴, 밝은 혈색, 넓은 어깨, 짧은 혀,
강한 둔부, 그리고 작은 음경을 가지게 될 것이다."

막판의 자살을 제외하면, 세네카의 정치활동은 건강에 해로운
것만은 아니었다. 유배생활을 하던 8년 동안 그는 코르시카의 소

박한 식단을 경험할 수 있었다. 지중해 기후는 그에게 낯설지 않았다. 세네카는 '스페인' 사람이었기 때문이다. 좀더 정확히 말하면 로마제국 에스파냐 코르도바 태생의 라틴계였다. 로마제국에서 지대한 영향력을 행사하는 인물이자 엄청난 갑부였던 세네카는 자신의 건강에 항상 유의하였다.

몸을 돌보는 데에 적극적이었던 그는 아령, 넓이뛰기, 높이뛰기, 제자리뛰기 등으로 몸을 단련했다. 또 집에서 냉수욕을 즐기기도 했는데, 특히 겨울에는 얼어붙은 강 속에 들어가기도 했다. 달리기를 할 때는 코치 역할을 하는 노예를 대동했다. 63세쯤 되었을 때 그는 데리고 다니는 청소년 노예가 조금 과하게 빨리 달린다고 불평했다.

플로티노스는 공중탕에 가기를 싫어했다. 그보다는 집에서 매일 마사지 받기를 좋아했다. 페스트가 만연해서 마사지를 해주던 사람이 죽자 그는 이 휴식법을 포기했다. 그러나 일반 시민들과는 달리 온천장으로 방향을 전환하지도 않았다. 그곳은 너무 시끄러워서 명상하기에는 알맞지 않았기 때문이다(점점 더 큰 규모로 온천탕을 건설하는 것이 당시 유행이었다). 8월 휴가철에 남프랑스의 온천 휴양지 팔라바스를 찾는 사르트르를 상상할 수 있겠는가?

운동을 즐겼던 홉스는 성대 훈련도 게을리 하지 않았다. 밤이면 그는 침실문의 열쇠를 두 번 돌려 잠근 후 침대에 누웠다. 그리고 아무도 그의 목소리를 듣지 못한다는 확신이 들면 고래고래 목청껏 노래를 불렀다. 그의 목소리는 썩 아름답지 못했지만, 그는 이런 식의 성대 훈련이 건강에 대단히 유익하다고 생각했다.

마르실리오 피치노도 노래를 즐겨 불렀다. 그러나 그가 노래를 부른 이유는 홉스와는 달랐다. 피타고라스 학파의 전통에 따라 그는 하늘의 구체(球體)들이 자전하면서 경이로운 음악을 연주한다고 믿었다. 각각의 행성은 천체의 궤도라는 거대한 악보 위에 걸린 하나의 음이라고 생각했다. 우주의 신성한 조화와 교감하기 위해서는 이 음계를 재생하기만 하면 되었다.

그래서 피치노는 리라를 들고, 철학적으로 현을 타면서, 소위 '오르페우스적'이라고 하는 찬가를 불렀다. 그리하여 태양과 목성, 금성의 가호를 빌고 철학자의 영혼 위로 천체의 영향력을 불러오도록 했던 것이다. 잘못 부른 음계 하나가 형이상학적으로 중대한 결과를 초래할 수 있었던 시절이었다.

쇼펜하우어는 '동물의 자력(磁力)'을 믿었다. 프랑스 대혁명 직후 독일 의사 메스머(Friedrich Anton Mesmer)는 파리에서 이 신비로운 영력(靈力)에 대한 강연회를 개최하여 수많은 파리 시민들의 마음에 깊은 인상을 심어준 바 있었다. 이들 최면술사들의 시술 장면은 참으로 대단한 장관이었다. 최면술사는 함지에 물을 가득 채우고 그 안에 여러 개의 쇠막대기를 꽂은 후 막대기를 통해서 자신의 '영력'을 물에 전달한다. 그러면 함지 주위에 둘러앉은 환자들은 쇠막대기와 고통받는 신체 부위를 줄로 연결하는 것이었다.

1854년 프랑크푸르트에서 레가조니라는 이탈리아 최면술사가 돌팔이 사기꾼이라는 비난을 받자 쇼펜하우어는 이에 맞서 레가

조니를 강력하게 변호하고 나섰다. 또 프랑스인 브뤼네가 프랑크푸르트를 방문했을 때 쇼펜하우어는 왼쪽 귀를 자력으로 치료하고자 5차례에 걸쳐 30분간의 시술을 받았다. 그러나 귀의 고통은 여전했다. 그럼에도 불구하고 철학자의 믿음은 꺾이지 않았다. 동시대의 수많은 뛰어난 정신의 소유자들과 마찬가지로 그 역시 텔레파시, 형안, 예시적인 꿈, 회전하는 탁자, 산 자와 죽은 자의 출현, 영매가 발산하는 심령체, 물체를 두드려서 자신의 존재를 알리는 망령 등을 믿었다.

하루는 쇼펜하우어가 애지중지하던 애견 아트마가 뒷다리를 앓게 되었다. 그러자 그는 개를 안고 뒤부르크라는 사람의 집을 찾아갔다. 그러나 8회에 걸친 자력 시술은 아무런 효과도 보지 못했다. 아트마는 계속 절룩거렸다. "나는 절망했다!"라고 쇼펜하우어는 외쳤다고 한다.

오늘날에는 '비물질적'이라는 평판을 얻고 있는 정신은 전통적으로 크기가 있었다. 정신의 웅대함은 '도량'(라틴어로는 '*magnus animus*', 그리스어로는 '*megalopsychia*')이라고 불렸다. 아리스토텔레스가 철학의 특징적인 덕목으로 삼았던 정신의 웅대함은 인색함, 비겁함, 겁 등 스스로의 웅대함을 깨닫지 못하게 하는 소심함과 대립하는 것이었다. 13세기의 철학자들, 즉 아직 신자이기는 하지만 신학의 옷은 벗어버린 비종교적 지식인들을 정의함에 있어서 도량은 가장 주요한 덕목으로 자리잡게 된다. 그것은 철학적 기질의 덕목, 예컨대 정력, 열정, 자신에 대한 믿음과 인간에 대한 믿음 등을 총체적으로 요약해 주는 단어였다.

여기에 부수적인 덕목으로 인내심, 즉 정신의 길이를 첨가하자. 이는 노여움을 표출하기 전에 오랜 인내를 거친 후 최대한 늦게 표현한다는 덕목으로서 몹시 소중한 자질이다. 인내심은 비공(鼻孔)을 통해서 얻을 수 있다. 성서에 따르면, '화를 잘 내는 사람'은 '짧은 비공'(혹은 '짧은 호흡')을 가진 사람이라고 한다. 따라서 인내심을 가진 자, 즉 지혜로운 자는 긴 비공을 가졌다고 추론할 수 있겠다.

홉스의 지팡이

집 없는 철학자들의 장신구로는 외투 외에도 바랑(배낭)과 지팡이가 있다. 지팡이는 개를 쫓는 데 쓰이기도 하였고, 사막에서는 뱀도 쫓아내며, 당나귀를 모는 데에도 사용되었다. 심지어 성인(聖人)이 사용하는 경우, 그저 한 번 스치는 것만으로 죽은 자를 깨어나게 할 수도 있다.

토머스 홉스는 산책을 할 때면 꼭 특수장비를 챙겨들고 나섰다. 그것은 손잡이 부분에 펜과 잉크병을 넣을 수 있도록 특별히 제조된 지팡이였다. 또한 그는 주머니에 항상 수첩을 넣어 다니면서 생각이 떠오르면 그 자리에서 즉시 기록하였다. 여하간에 17세기에는 철학자의 지팡이가 결정적인 기술적 발전을 이룩했다.

홉스는 40세가 될 때까지 몹시 허약했다. 그러나 40세 이후로는 아름드리나무처럼 건강했다. 91세까지 살았던 그는 철학자들 가운데 최고 장수 기록을 보유한 인물이기도 하다. 그는 스포츠를 매우 즐겼다. 이 부분에서도 그는 철학사 전체를 통틀어 가장 운동을 많이 한 인물일 것이다.

그는 일상적인 산책 외에도 규칙적으로 테니스를 쳤다(75세까지). 테니스를 칠 만한 장소가 없으면 언덕의 비탈길을 오르내렸다. 운동 후 그는 침대에 늘어져서 하인에게 약간의 수당을 지불하고 마사지를 받았다. 홉스가 그렇게 지긋한 나이까지 살 수 있었던 것은 운동 덕택일까? 어쩌면 그가 운동을 하지 않았더라면 91세보다 더 오래 살았을지도 모른다.

아리스토텔레스는 산책을 많이 했다. 혼자서가 아니라 학생 무리에 둘러싸여 자신의 철학학교 리케이온 건물 안에서 걸었다. 그는 소요학파(그리스어 'peripatein'은 '대화를 하면서 산책하다'라는 의미)에 속했다. 그런데 이 장면은 한번 상상해 볼 만하다.

걷는 무리가 회랑의 끝에 다다르면, 제자들은 스승이 뒤로 돌아서서 반대 방향으로 걸어갈 수 있도록 물러나 길을 비킨다. 그들의 머리 위로는 하늘이, 적어도 사방의 지붕으로 잘려 네모난 하늘이 보인다. 가두어진 것도 아니면서 분산된 것도 아니다. 그들은 집의 내부에 있으면서 외부에 있었다. 그곳은 수도원 경내처럼, 세상을 향해 개방되어 있으면서 동시에 세상 속에 흡수되지 않은 곳이었다.

걸음의 속도는 사고의 진행 속도를 조정하였다. 이런 식의 행진은 심각하고 현학적인 어조를 요구한다. 천천히, 현학적으로 걸어 나가는 아리스토텔레스의 어조는 분명 가르침을 베푸는 스승의 어조였다. 그가 말한다.

"정신의 활동은, 사색적인 특성 때문에, 앞서 언급한 활동을 능가하는 것으로 여겨진다. 아니 한 발 더 나아가(아리스토텔레스가 앞으로 나아간다), 정신의 활동은 그 자신 외에 어떠한 외부적인 목표도 추구하지 않으며, 그 자신에게만 고유한 즐거움을 준다. 이 즐거움은 자신의 활동을 더욱 증가시킨다는 점에서 완벽한 즐거움이기도 하다. 한층 더 나아가(그는 다시 앞으로 나아간다), 스스로 자족할 수 있다는 가능성, 여유, 그리고 인간이 실현할 수 있을지 의심스럽기는 하지만 피로를 모른다는 것, 결국 한마디로 요약하면 행복의 절정에 도달한 인간에게 귀속된 모든 미덕은 바로 이 정신활동의 수련으로부터 온다고 여겨진다."

그런데 이때 한 가지 반대 논거를 제기하며('그러나'에 주의하라) 철학자의 걸음은 느려지고 문장은 짧아져서 마치 일단정지 표지판을 보는 듯하다.

"그러나, 이러한 생활은 인간의 조건을 초월하는 것일 수 있다. 그렇다면 이때 인간은 인간으로서가 아니라 어떤 신적인 특성을 내부에 품고 있는 인간으로서 생활하는 것이다……."

이렇게 이의가 철회되고 스승의 걸음과 사고는 예전의 흐름을 되찾는다.

"그러므로 인간의 정신이 신적인 속성을 가지고 있다고 한다면, 인생에 있어서는 이러한 정신에 부합하여 생활하는 것이 진정으로 신적인 인생이라고 할 수 있다."

아리스토텔레스의 걸음이 얼마나 무겁고 느렸는지 짐작할 수 있을 것이다. 그는 언제나 한 무리의 제자들을 등뒤에 이끌고 있었다. 그는 사고를 분절해야 했고 동작을 분해해야 했다. 급작스럽게 속력을 가해서는 안되었다. 행장의 마지막까지 모두 그를 따를 수 있어야 했다. 대열의 후미에서 스승과는 너무 멀리 떨어져 있던 제자들은 가끔 한 마디씩만을 얻어들을 수 있었다.

이들을 불쌍히 여겨야 할 것인가? 아니다. 그들은 움직이는 사고의 정지와 재개 그리고 전환 등을 체득할 수 있었다. 말을 이해하지는 못했지만 움직임의 리듬은 느낄 수 있었다. 그것은 전혀 아무것도 아닌 것보다는 나았다. 그것은 시작일 뿐이었다. 뒤에 처진 자들이 스스로 탈퇴하지만 않는다면, 이 늦깎이들은 옆사람을 계속 팔꿈치로 밀쳐가며 조금씩 앞으로 전진하여 언젠가는 스승 옆으로, 철학의 최전선으로 접근할 수 있을 것이다.

산책 하면 칸트를 빼놓을 수 없다. 그 유명한 산책길에서 칸트는 절대로 입을 열지 않았다. 그는 신선한 공기를 입으로 들이마시는 것은 류머티스를 야기한다고 생각했다. 따라서 산책을 하면서 이야기를 한다는 것은 건강에 매우 위험한 일이라고 결론지었던 것이다. 코를 통해서만 숨을 쉬기 위해서 그는 항상 혼자 산책했다.

1887년에서 1888년 사이 니체가 니스에 체류하던 시절, 그는 오전에 한 시간, 오후에 세 시간 매일 같은 길을 따라 빠른 걸음으로 산책을 했다. 제노바의 산책로에서는 바다와 만(灣)을 감상하기 위해 가끔 걸음을 멈추었고, 실스 마리아에서의 산책길에서는 가끔 쉬어가며 엔가딘 산을 감상했다.

그의 사고의 흐름은 이어지는 것도 아니었고 규칙적이지도 않았으며, 그저 산책길에서 마주치는 우발적인 사건들을 따라 흘러갔다. 속도감 있고 단호한 걸음은 박력 있는 그의 문장에 리듬을 주었다. 뒤를 따르는 행렬도 없었고 수행원도 없었다. 아리스토텔레스처럼 제자들이 따르는 것도 아니었다.

사고한다는 것, 그것은 혼자서 앞으로 나아가며, 자신의 길을 찾고, 지름길을 타기도 하며, 새로운 길을 열고, 다양한 관점을 넓히고, 상식적인 곳을 경계하고, 많은 사람들이 지나간 길이나 진부한 것(trivialité)은 피한다는 것을 의미했다. 이 단어는 어원적으로 '갈래 길의 생각'이라는 뜻을 가지고 있다. 라틴어의 'trivius'는 '세 갈래로 갈라지는 지점'을 의미한다.

•아리스토텔레스의 대•야

일벌레 철학자였던 아리스토텔레스는 명상을 하는 도중에 잠들지 않기 위해서 묘안을 찾아냈다. 디오게네스가 전하는 바에 따르

면, 아리스토텔레스는 청동으로 만든 작은 공을 손에 쥐고 발치에
는 물을 담은 대야를 놓아두었다고 한다. 그리하여 깜빡 조는 순
간 공이 대야에 떨어지는 소리에 놀라 깨어나도록 했다는 것이다.

피타고라스 학파 무리는 잠자리에 들기 전에 필히 '의식 점검'
을 행하였다. 그날 하루에 일어난 모든 일을 처음부터 끝까지 하
나도 빼지 않고 일일이 주워섬기는 작업이었다. 운동으로 매일 근
육을 단련시키듯 이러한 훈련을 통해서 기억력을 강화한다는 취
지였다. 그들은 부활을 믿었으며, 전생에 접근할 수 있는 왕도는
기억, 그 중에서도 특히 저녁 시간의 기억이라고 생각했다.

피타고라스에 대해서는 많은 소문이 돌았다. 혹자는 말하기를,
피타고라스는 프라피데스(prapidês)를 긴장시켜서 자신이 살아온
10회의 전생을 선명하게 볼 수 있었다고 한다. 그러면 이 프라피
데스란 무엇인가? 그리스어로 프라피데스는 '지능'을 의미했으
며 '횡격막'이라는 뜻도 있었다.

말하자면 횡격막에 일정한 압력을 가해 근육을 긴장시킴으로써
피타고라스와 제자들은 현실세계에서 전생으로 옮겨가는 황홀경
을 체험했다는 이야기인 듯하다. 이 방법은 아마도 일종의 특수
호흡법이 아닌가 생각된다. 그들은 사고를 하기 위해서 '뇌세포'
를 작동시키는 대신 내장을 훈련시킨 것이다. 그런데 피타고라스
이후, 호흡법이라는 주제는 철학의 프로그램에서 제외되어 왔다.

칸트의 취침 방식은 세상에 알려질 만한 가치가 있다. 먼저 침
대 가장자리에 앉는다. 그리고 나서 허리를 가볍게 뒤로 젖히면서

이부자리 위로 비스듬히 몸을 던진다. 이렇게 누운 다음에는 이불의 한쪽 끝을 잡아서 왼쪽 어깨 아래로 밀어넣고 등을 감싼 후 오른쪽 어깨까지 밀어넣는다. 그리고는 반대쪽 이불자락을 쥐고 반대 방향으로 똑같은 동작을 반복한다. 이제 미라처럼 온몸을 칭칭 감은 자세에서 잠이 찾아오기를 기다리면 되었다. 대개의 경우 칸트는 금방 잠에 곯아떨어졌다. 어쩌다 금세 잠이 들지 않으면 그는 '키-케-로'를 반복해서 읊었다. 이 세 음절은 그에게 수면제 효과를 발휘했다.

칸트는 요강을 놓아둔 옆방과 자기 침대 한쪽 사이에 끈을 매달아두었다. 그리하여 자연적인 용무 때문에 잠에서 깨어나는 경우, 굳이 촛불을 켜지 않고 또 더듬지 않고도 변소까지 갈 수 있었으니, 어둠 속에서 끈을 붙들고 따라가기만 하면 되었다.

11 늦잠과 빈둥거림의 철학

데카르트, 침대에서 철학하기

3세기 이집트의 니트리아 사막에는 금욕주의 지원자들이 물결을 이루며 대대적으로 모여들었다. 완벽하게 고립되어 생활하는 은자(隱者)와 공동체 내에서 은거하는(수도원의 독방처럼) 수도자들의 숫자가 크게 증가하는 바람에 사막에서 고독을 누린다는 것은 지극히 어렵다는 사실이 곧 드러났다.

신비주의자들의 밀집 사태가 벌어지고 말았다! 동굴이나 그늘진 곳이 그다지 많지 않았기 때문이었다. 그리고 무엇보다 갈증이 문제였다. 은자들의 자율성을 깨뜨리고, 그들의 의사와는 무관하게 서로를 모이게 만드는 것은 바로 갈증이었다. 물이 은신처까지 흘러주는 것이 아니므로 은자가 물을 찾아가야 했다. 목을 축이기 위해서 은자는 막대기를 잡고 호로병이나 양가죽을 꿰매어 만든 물자루를 들고 나온다. 그런데 샘이 있는 곳까지 간 은자의 눈에 보이는 것은 무엇이었을까?

그것은 가장 맵시 있고, 가장 마음을 흔드는 부류의 인류, 즉 소녀들, 여인들, 반쯤 벌거숭이로 물장구를 치면서 웃는 아이들이었다. 아이들의 옷가지는 어깨 위에서 미끄러졌고, 소녀들은 몸짓이나 농담으로 고행자에게 유혹의 눈길을 던진다. 소녀들은 자신의 빛나는 피부로부터 흠칫 시선을 돌려버리는 더러운 고행자를 유혹한다는 짜릿한 쾌감을 거부하지 못했다. 그리고 무엇보다도, 어린아이들의 피부란…… 오, 신이시여, 우리의 고행자를 어린아이와 여색으로부터 보호하소서!

사막의 은자들을 위해 저술된 당시의 생존 학습서에는, 악마의 덫처럼 두려워해야 할 대상은 여인들보다 오히려 어린아이들이라는 점이 명기되어 있다.

사막에는 또다른 하나의 위험이 있었다. 더위가 극한을 치닫는 정오, 태양도 시간도 멎어버리면 영혼 한가운데에서 하나의 파도가 일어난다. '은자의 우울'이라는 파도가. 이 파도는 역사를 거치면서 '정오의 악마'라는 명칭으로 굳어졌다. 이 표현은 원래 간음과는 전혀 무관한 것이다. 그것은 잠들고 싶은 욕망이나 이 오두막, 이 동굴, 이 사막에서 떠나고 싶은 욕망, 모든 것을 포기하고 싶은 욕망을 일컫는다.

몇 세기 동안 '은자의 우울'은 여덟 가지 대죄 가운데 하나로 취급되었다. 그러나 영광은 오래가지 못했다. 성 그레고리가 이를 슬픔 속에 통합했던 것이다. 인류에게 대죄가 하나 줄어든 셈이다! 위태로운 한 시간도 사라졌다. 정오는 더 이상 우리의 구원을 위협하지 않는다.

'스툴리테스'(그리스어 'stylo'는 '원주'를 의미한다)라는 은자들도 있었다. 군중으로부터 확실히 고립되기 위해서 이들은 기둥의 꼭대기에서 살았다. 그런데 폐허의 꼭대기로 기어오름으로써, 그들은 군중의 시선에 더욱 쉽게 노출되었다. 그들이 인간세계를 초월하면 할수록 그들 자신은 더 좋은 구경거리가 되었다. 이렇게 멋지고 과시적인 장관이라니……. 오늘날의 철학자 베르나르 앙리 레비(Bernard Henri Lévy)가 방돔 광장 기념비 위로 은둔한 모습을 상상할 수 있을까? 은자들에게 '원주'는 함정이자 꾀였다. 그것은 몇몇 극단적인 고립자들이 가진 모순, 즉 그들 자신이 존재하기 위해서 다른 사람들을 필요로 한다는 모순의 발현이기도 했다.

라플레슈 학교의 학생들은 여름에는 새벽 4시, 겨울에는 새벽 5시에 기상해야 했다. 그러나 병약한 데카르트는 다른 학생들과는 달리 꼭두새벽부터 일어나야 한다는 규칙을 면제받았다. 그는 해가 뜨고 난 후에도 오랫동안 침대에서 빈둥거리는 여유를 누릴 수 있었다. 당시로서는 상당히 예외적인 일이었다.

'데카르트적'이라고 하는 것은 일면 이러한 것을 의미하기도 한다. 즉 정신이 아직 완전히 태세를 갖추지 못하고, 의연한 자세와 사회적인 태도를 갖추지 못한 상태에서 주변이 시끌벅적 분주하게 움직일 때까지 침대에 누워 있기, 그리고 비몽사몽으로 오랫동안 빈둥거리기 등. 자신에 대한 부유하는 듯한 성찰, 기존의 사상에서 벗어난 사고의 자유로운 방랑 등은 그를 검열과 전통추종주의에서 벗어날 수 있게 해주었다.

침대, 자유의 땅……. 젊은 데카르트는 꿈을 꾸면서 수평선상의 철학 방법을 습득한다. 그러는 동안 같은 반 학우들은 수직선상으로 서 있었다. 이들의 정신은 바닥으로 떨어지게 되어 있었다. 이들은 미리 준비된 사상들을 좀더 효과적으로 수용하기 위해 흉부를 똑바로 펴고 가슴으로 가르침을 습득해 나갔다. 그러나 르네 데카르트, 그는 침대에 누워 있었다. 마침내 그는 모든 학우들을 월등히 능가하기에 이른다.

세월이 흐른 후, 데카르트가 푸르가(街)에 '세 묵주' 라는 간판이 달린 건물에 살던 시절이었다. 오전 느지막한 시간에 르 바쇠르라는 사람이 그를 방문했다. 주인님께서는 아직 손님을 맞을 수 없다고 전하는 하인의 말에 호기심이 동한 그는 열쇠구멍으로 방 안을 들여다보았다. 그러자 침대에 누워서 종이 위에 뭔가 긁적거리며 메모를 하고 있는 데카르트의 모습을 엿볼 수 있었다. 이 장면을 보고 놀라움을 금할 수 없었던 방문객은, 열쇠구멍으로 들여다보았다는 자신의 실례가 들통날 위험에도 불구하고 이 일화를 여기저기 떠벌리고 다녔다.

데카르트는, 늦잠과 아침나절의 빈둥거림이 데카르트식 방법의 근간이 된다는 점을 『방법서설』에 기록하는 것을 잊었다. 양식은 세상에서 가장 공정하게 분배된 것이다. 침대 또한 그러하다.

성 아우구스티누스는 침대의 철학적 효용성을 전적으로 부인하였다. 이 히포 레기우스의 주교는 침대보다는 식탁을 선호했다. 그는 식사를 나누면서 심각한 논의를 펼쳐나갈 수 있었던 수도원의 거대한 식탁을 좋아했다.

고독을 즐기는 공간, 집무실

또 하나 중요한 철학의 장소는 집무실이다. '집무실'이라는 단어는 원래 정치, 배변, 명상 등 모든 종류의 목적을 위해 적은 인원이 집합하는 고립된 방을 의미한다. 정치와 배변 사이에 무슨 관계가 있는가에 대해서는 정신분석이 하나의 답변을 제공해 줄 수도 있을 것이다. 간단히 결론만 말하자면, 문제를 해결하는 것이 아니라 문제를 벗어버린다는 데에 있다고 한다. 여하간에 13세기까지 사람들은 변소에서도 결코 혼자일 수가 없었다. 허리띠를 풀고 바지자락을 발목까지 내린 채 삼삼오오 모여서 토론을 나누었다.

그후 수줍음과 고립의 시대가 왔다. 그리고 개인주의는 항문의 근육을 엄습했다. 지금까지는 듣지도 보지도 못한 일이 일어났으니, 그것은 고독을 즐기는 몇몇 기발한 사람들이 혼자 생각하기 위한 장소, 집무실을 고안해 낸 것이었다. 항상 집단 속에서, 종파 속에서, 교회에서, 다수가 모여서 심각한 문구나 성서의 구절, 혹은

잠언을 웅얼거리며 생각하던 예전 세대에게는 전혀 낯선 방법이
었다.

가족과의 생활을 좋아하지 않던 미셸 드 몽테뉴가 어느 날 소유
지 성 안에 탑을 하나 마련했다. 혼자서 읽고, 잠자고, 명상하기 위
한 공간이었다. 몽테뉴는 탑의 천장에 라틴어 잠언 54개를 잔뜩
멋을 부려 그려넣게 했는데, 이는 말하자면 그의 철학 학습서였
다. 책장을 넘길 필요도 없었다. 방안을 어슬렁거리다가 그저 눈
을 들어 위를 보기만 하면 되었다.

그후 집무실은 철학자들에게 중요한 작업 장소가 되었으며 점
점 더 전문성을 띠게 되었다. 디드로는 타란가(街)에 거주하던 시
절, 아파트 바로 위층, 건물의 지붕 바로 아래에 집무실을 가지고
있었다. 이제 더 이상 집무실은 산책하는 신사의 변덕스런 착상에
그치는 곳이 아니라, 필수적으로 원고가 생산되어야 하는 작업실
이었으며 서적, 펜, 종이, 잉크 건조용 가루 등의 공구가 갖추어진
장인의 ― 앉아서 하는 ― 아틀리에가 되었다.

칸트는 소음 속에서는 절대 작업을 진행할 수 없었다. 그의 집
은 언제나 쥐 죽은 듯한 정적이 깔려 있어야 했다. 1775년에 칸트
는 집을 옮겨야 했는데, 그것은 이웃집의 수탉 소리 때문이었다.
또 언젠가 한번은 쾨니히스베르크 행정처에 자기 집 근처에 있는
교도소의 창문을 모두 닫아달라고 요청했다. 고래고래 목청을 뽑
으며 노래하는 수감자들 때문에 우리의 철학자는 도저히 정신을
집중할 수 없었다고 한다.

1756년 4월 9일 루소는 파리를 떠나 몽모랑시 숲에 위치한 에르미타주로 거처를 옮겼다. 파리에서 20킬로미터 정도 떨어진 그곳에 데피니 부인("나의 곰, 당신의 은신처가 여기 있답니다")이 그녀 소유의 거대한 저택을 보수해 놓았기 때문이다. 파리 최상류층 인사들의 여름 별장이 몰려 있었던 그곳은 실상 오지라고 하기는 어려웠다.

루소와 데피니 부인의 사이가 틀어진 후에도 루소는 그곳에서 멀리 떨어지지 않은 곳으로 주소를 옮기게 된다. 프랑스의 원수(元帥)이기도 한 룩셈부르크 공작의 저택에 거주하기로 한 것이다. 은둔이라고? 18세기 철학이 주로 살롱과 카페에서 이루어졌다는 점에서는 은둔이라고 할 수도 있다. 그러나 이곳에서 루소의 사회생활은 만찬, 전원으로의 초대 등 또다른 형태로 이어지고 있었다. 그를 만나기 위해서 사람들이 찾아왔으며, 그에게 서신을 보내기도 했다.

파리에서 루소는 수많은 살롱 인사 가운데 하나에 불과했다. 게다가 그는 별로 쓸 만한 언변가도 못되었고, 스스로를 부각시킬 재주도 없었다. 그러나 몽모랑시에서는 '무뚝뚝한 시골 사람'이 되어 어떠한 선물도, 어느 누구의 방문도 거절하는 '곰'을 자처했다. 그런데 이런 식의 매정한 태도는, 이에 전혀 익숙하지 않은 귀족들의 호기심을 배가시켰다. 그들은 루소의 은둔생활에 매료되었고, 이를 한층 부추겼다.

만약 루소가 텔레비전 시대에 살았더라면, 그는 아마 미디어의 대대적인 관심을 한몸에 받는 고독한 은둔자였을 것이다.

1876년 니체는 독일을 벗어났다. 오래 전부터 그리스와 라틴 세계에만 푹 빠져 있던 그는 이탈리아의 태양 아래에서 곰팡이 냄새나는 대학의 지식을 건조시키기 위해 길을 떠났다. 생활비가 저렴했던 이탈리아는 당시 가난한 지식인들에게 훌륭한 피난처를 제공하였다. 사실 니체의 수입원은, 그의 병을 동정하는 바젤 대학에서 매월 얼마씩 보내주는 쥐꼬리만한 연금밖에 없었다.

로마, 제노바, 토리노, 소렌토 등지를 여행하는 동안 그는 가정집이나 하숙집에 방을 얻어 체류하였다. 그는 어머니에게 편지를 보내서 식료품을 보내달라고 부탁했고, 겨울이 몹시 매섭기 때문에 나무를 넣어 태울 수 있는 작은 난로도 하나 보내달라고 했다. 길 잃은 아이 니체? 마음을 해방시키기 위한 이 방랑은 한편 수난의 길이기도 했다. 니체는 거의 맹인에 가까울 만큼 눈이 나빴다. 그는 알이 매우 두꺼운 안경을 썼는데, 그나마 책을 읽을 때는 코를 아예 책에 붙이다시피 해야 했다. 무거운 짐을 혼자 감당하며 다녀야 하는 이 여행은 그에게 보통 일이 아니었다.

1888년 부활절 월요일, 그는 니스에서 토리노로 가는 기차를 놓치고 만다. 사보나 역에서 열차 시간표를 잘못 읽은 탓이었다. 그는 다른 방향으로 가는 열차에 올랐다. 극심한 근시와 단신이었기 때문에 잃어버린 3일. 매년 크리스마스 무렵, 가족끼리 오손도손 보내는 저녁을 환기시키는 그 무렵이면 그는 우울증에 빠져들었다. 당당한 고독 속에서 살기를 원했던 그는 결국 고독 때문에 죽었다.

1883년 니체 자신이 추려낸 대체적인 결론은 이러하다. "7년간의 고독, 그 가운데 대부분은 진정 개 같은 생활이었다." 안과 질환으로 고통받으며, 덧창을 닫은 어두운 방안에서 종일 바닥을 헤매며 지내던 니체는 3세기 이집트에서 '어둠 속에서 살았던 은자들'의 생활을 재현한 것이었다.

콜레주 드 프랑스에서 베르그송이 펼치던 강의는 대대적인 성공을 거두었다. 강의실에 청중이 더 이상 들어가지 못하도록 막아야 할 정도였으며, 복도에 서서 듣거나 창문에 걸터앉은 청중도 많았다. 그들은 매우 다양한 부류였다. 모자를 쓴 여성들도 많이 눈에 띄었는데, 그것은 부유층 사이에서 유심론 철학자 베르그송은 소르본 대학의 끔찍한 신칸트주의에 맞서는 거대한 성벽으로 인식되었기 때문이다. 게다가 그의 언변은 참으로 뛰어났다!

그는 탁월한 시민으로서 많은 훈장과 영직을 수여받기도 했다. 1등 교육공로훈장(1886), 2등 교육공로훈장(1895), 5등 레종도되르 훈장, 4등 레종도되르 훈장, 3등 레종도되르 훈장, 2등 레종도되르 훈장, 그리고 1930년에는 레종도되르 최고 훈장을 수상했다.

그러나 이 모든 화려한 영광에도 불구하고 베르그송은 사교계의 철학자가 아니었다. 오히려 그는 고독한 철학자였다. 그는 조직이나 학파를 형성한 적이 결코 없었고, 어느 누구에 대해서도 자신이 그의 영적 스승이라고 자처한 적도 없었으며, 제자도 원하지 않았다. 그는 추종자들이나 대화 상대로부터 거리감을 유지하는 그만의 독특한 방식을 가지고 있었다. 그는 지나칠 정도로 공손했다. 이러한 예의가 그에게 벽이 되어주었으며, 상대방에 대한 완벽한 무관심을 보여주면서도 상대는 속수무책이 될 수밖에 없었던 것이다. 베르그송의 극단적인 예의는 진정 고독을 즐기는 철학자의 세련된 양식이었다.

전기 불빛 아래의 철학자들

1884년에 태어난 가스통 바슐라르는 촛불 아래에서 연구하는 세대에 속했다. 그는 스스로 "주입된 빛"이라고 부르는 전기 불빛으로 전환되는 시기를 살았다. 빛이 있으라!(*Fiat lux!*) 20세기 초, 바슐라르는 불현듯 전구 불빛에 대해서 생각하기 시작했다. 사고의 맥도 빛을 발해갔다.

지난 20여 세기 동안 기름과 밀랍의 불빛 아래 이루어져 온 명상은 연기로 날아갔다. 18세기의 '빛'에는 심지가 달려 있었고 그것은 가위로 자르면 꺼졌다. 20세기에 접어든 지금, 완전히 전기화된 철학이 나타난 것이다. 물론 이는 사상에도 영향을 미쳤다.

계시받은 자들은 모두 어떻게 되었을까? 거대한 어둠 속에 잠긴 땅, 어둠의 대양, 희미한 실루엣 하나하나가 환상적인 중요성을 띠었던 지난날의 도시 속에서 우리는 그들을 쉽게 찾아낼 수 있었다. 그러나 차갑고, 균등하며, 흔들리지 않고, 눈에 보이지 않는 것은 모두 배제하는 이 흰색 불빛 아래에서는 천재성을 조명하는 일이 더욱 어렵게 되었다.

사고를 하기 위해서는 하나의 틀, 하나의 장소, 후미진 구석, 작은 공간이 필요하다. 지붕과 벽 그리고 문턱이 필요한 것이다. 문턱, 이는 정말 중요한 부분이다. 철학은 닥치는 대로 모든 것을 다 수용하지 않는다. 일정한 공간을 잘라내고 그 안에 둥지를 틀어야 한다. 이렇게 다듬어낸 틀은 학교, 아카데미, 대학 등으로 불릴 수 있다. 그 안에서 철학자는 하나의 단체 ─ 면역 구역 혹은 보호막 속으로 들어가는 것처럼 '몸체 안으로 들어가기'를 지칭하는 단어 ─ 속으로 들어감으로써 안정감을 느낀다. 대학이 가지는 매혹적인 개념 가운데 하나가 바로 그것이다. 즉 교회나 왕, 혹은 정치 지도자 등에 종속되지 않고, 보편적 지식의 탐구를 위해 인생을 바치는 사람들의 독립적인 공동체 개념이다.

물론 역사적 현실은 이보다 덜 근사하다. 각 시대를 통해 우리가 발견하는 것은 계급, 특권층, 한직, 권력, 새로운 형태의 종속일 뿐이다. 그들이 주장하는 바 보편적 지식 대신 단편적인 지식만이 전수되고, 완전하게 육성된 뇌 대신 전문가만이, 다시 말해 무식한 인간만이 양성되며, 보호용 틀과 둥근 천장 대신 하늘을 향해 난 구멍들만을 보게 된다. 그러나 사실 하늘은 필요한 것이다.

예전에는 우주와 수정구처럼 투명한 우주의 7개 하늘이라는 거대하고 아름다운 유리상자 속 안전지대에서 사고가 행해졌다. 지극히 규칙적인 이 광경은 보는 이의 마음을 가라앉혀 주었다. 우주를 관찰하는 것은 자신의 내부에 약간이나마 질서를 부여하는 것이었다.(그리스어 ‘kosmos’는 ‘질서’를 의미한다) 또 하늘, 대학의 궁륭, 철학자의 머리통 등 구체 혹은 구심성의 원을 크기 순서대로 포개어 끼우는 듯한 느낌을 주었다. 모든 것은 둥글다! 이상은 그리스 식의 해석이었다. 중세 식의 해석에 따르면 세계는 신의 복부라고 한다. 신의 피창조물인 인간은 여러 층의 막으로 보호되어 신의 복부 속에서 떠돈다는 것이다. 그리고 최종의 막은 제2의 어머니인 ‘대학’이었다.

그러나 숭고한 우주의 유리상자는 이미 오래 전에 산산조각 났다. 우주는 사방에서 몰아치는 바람에 시달리는 집이 되었다. 우리의 보호막은 어디 있는가? 칸트는 자신이 남긴 한 유명한 문장에서, 머리 위에 놓여 있는 ‘별이 총총한 하늘’과 자신의 내면 깊숙한 곳에 있는 ‘도덕의 법칙’의 동일한 움직임에 대해 언급한 바 있다. 그는 이러한 이중의 사고가 마음의 평정을 가져다주었다고 한다(편집증을 가진 모든 사람과 마찬가지로 칸트 역시 불안 속에서 살았다). 그런데 무한한 우주, 곳곳에 중심이 존재하며 원둘레는 아무 곳에도 존재하지 않는 우주를 이미 발견한 18세기 말에 칸트는 그 안의 무엇이 마음에 평정을 준다고 여겼을까.

칸트보다 한 세기 전에 살았던 파스칼은 칸트보다 더 근대적인 철학자였다. 그는 무한한 공간의 영원한 침묵 앞에서 전율하였다. 블랙홀은 차치하고라도 허공, 소용돌이 등만이 존재하는 그곳에는 윤리적인 것이라곤 전혀 없었다. 게다가 빽빽하게 짜여진 하루

일과 사이에서 어떻게 칸트가 자기 머리 위의 하늘을 관찰할 수 있었을까? 그는 밤 부엉이들과는 정반대로 일찌감치 잠자리에 드는 타입이었다. 별들이 나타날 때쯤이면 칸트는 이미 깊이 잠들어 있었다.

니체에게 들려온 목소리

정열적인 기질과 웅대한 정신 외에도 철학자는 수호신을 부여받은 자들이다. 뇌의 혹, 지성의 현신, 근대에 나타난 애매한 개념인 지능지수 등의 문제가 아니라, 세기를 거듭하면서 겪어온 고대의 산물인 든든한 수호신, 인간이 철학에 손을 대기 시작한 후로 모두가 인정해 온 '다이몬'(그리스어의 'daimon'에서 유래한 말로, 신에 가까운 존재 또는 신과 인간의 중간적 존재를 의미하였다 – 옮긴이)이다.

이 (선한) '악마'는, 철학자에게 조언과 경고를 해주며, 철학자가 방향을 잃고 갈림길에 처했을 때 옳은 방향을 알려주는 목소리이다. 공기 중을 떠다니는 수호신은 인간과는 별개의 존재로서 인간을 '약간' 초월한다. 약간, 많이도 아니고 그저 약간 초월하는 존재이다. 그것은 자그마한 초월성이라고 부를 수 있을 것이다. 신도 아니고 제1원칙도 아닌, 그저 인간의 어깨 높이에 머무는, 인간과 비슷한 수준의 수호천사이다. '미신'이라고 치부하는 것이 옳을까? 미신이라는 단어가 '위에 있다(superstare)'라는 의미를 가졌다는 점에서는 그렇다고도 할 수 있다.

로마의 진정한 시민들은 모두 다이몬에 해당하는 각자의 수호신을 가지고 있었다(로마인들은 여성들, 적어도 결혼한 여성들에게는 '주노' 여신이 관장하는 수호신이 하나씩 딸려 있다고 생각했다).

아테네 시민 소크라테스에게는 위급한 순간에 조언을 해주는 다이몬이 따라다녔다. 그것은 내부의 목소리로서, 소크라테스에게 "이렇게 하라, 이렇게 하지 마라" 하고 말해 주었다. 그런데 이 수호신 때문에 그는 다소 고충을 겪게 된다. 말하자면 재판 과정에서 소크라테스는 새로운 신들에게 복종한다는 비난을 받았던 것이다. 실제로, 사적인 다이몬은 그리스 신의 공식 목록 속에 승인되어 있지 않았다.

그러나 이런 종류의 수호신을 달고다닌 인물이 단지 소크라테스만은 아니었다는 사실을 우리는 너무 자주 잊는다. 데카르트도 다이몬을 가지고 있었다. 그리고 지극히 이성적인 대학교수였던 니체도 1881년 8월의 어느 날 참으로 신기한 목소리를 듣게 된다.

알프스 산맥의 그리지오니 지방에 있는 실스 마리아 호수를 따라 실바 플라나 마을 쪽으로 가다 보면 일명 '수르라이' 라고 불리는 곳에 호수를 향해 불쑥 뻗어난 피라미드 모양의 거대한 바위가 있었다. 매일 그곳을 산책하던 니체는 어느 순간 어떤 생각에 사로잡혔다. 영원 회귀……. 그렇다, 영원히 다시 살기를 원하고, 또 그렇게 할 수 있을 만큼 인생을 사랑해야 한다. 인생이 주는 고통까지 포함하여 삶을 사랑해야 한다.

그런데 이 발현은 하나의 영상으로부터 도래한 것이 아니라 그의 귀에 들려온 목소리였다. 어떤 목소리가 니체에게 말을 한 것이다. 그것은 어른의 목소리였는가? 아니면 여성의 목소리? 어린아이 목소리? 그런데 그 목소리는 니체에게 뭐라고 말하였는가? 이러한 질문에 대해 이 전직 교수는 그에게도 아직 부끄러움이 남아 있다는 듯, 장면에 대한 구체적인 기술은 하지 않고 그저 이렇게 말하였다.

"갑자기 어떤 존재가 확실히, 뭐라 형언할 수 없는 정확성을 가지고 눈앞에 모습을 드러내며 그 소리가 들려온다(신기한 일이다. 니체는 관련 감각기관이 눈이었는지 귀였는지 오락가락 한다). 이 존재의 출현은 한 인간의 내면을 가장 깊은 심연으로부터 뒤흔들고 동요시킨다. (……) 우리는 어떤 소리를 듣게 되지만 그 존재를 이해하려는 노력은 하지 않으며, 주는 것을 받으면서도 주는 이가 누구인지는 묻지 않는다. (……) 우리가 약간이라도 미신적인 성향을 가지고 있다면, 우리는 자신이 단지 어떤 초월적인 능력의 현신이며, 그의 대변인이고, 그의 영매에 불과하다는 확신을 던져버리지 못할 것이다."

니체는 신비술에 관심을 가진 사람이 결코 아니었다. 그렇지만 어느 순간 수호신의 엄습이라는 뜨거운 충격을 받게 된 것이다. 그런데 여기서 흥미로운 점은, 잘 정돈되고 계산되어 잔잔히 흐르는 명상이 아니라, 발작적이고 파괴적이며 추락하듯 쏟아지는 사상의 발현이다. 실상 한 세기에 한두 번 나오기 어려운 어떤 강하고 혁신적인 사상은 틀에 박힌 기존 사상의 인습에서 탈피하여 '법열(法悅)', '우울증', '헛소리', '흥분' 등으로 이름붙여진 것들에게 새로운 길을 열어주는 법이다.

데카르트의 세 가지 꿈

1619년 11월 11일, 민간축제인 성 마틴 축일이었다. 23세의 데카르트는 독일의 월름 지방에 있었다. 그는 하인들이 따뜻하게 데워놓은 자신의 방 — 그의 '난로' — 으로 들어갔다. 언뜻 보면 방 안에는 난방기구가 없었는데, 그것은 자기타일로 처리된 방의 한쪽 구석의 외부에서 불을 지피도록 한 난방방식이었기 때문이다. 중앙난방의 시조쯤 되는 이 방식은 당시의 신사들이 누리던 사치이기도 했다.

그날 데카르트는 매우 흥분해 있었다. 데카르트의 충성스러운 전기작가 바이에의 말에 따르면, 그의 흥분 상태는 독일제 포도주와는 전혀 무관했다고 한다. 우리의 기사가 그날 밤 깊은 잠에 빠지지 않았다는 점에서, 바이에의 주장은 어느 정도 타당성 있는 것이라 볼 수 있다.

그날 밤 데카르트는 세 가지 꿈을 꾸었고 이를 기록해 두었다. 자신이 꾼 꿈을 기록하고 그것을 자랑스럽게 여긴 철학자는 거의 없다. 1929년 막심 르루아가 프로이트에게 데카르트의 꿈들을 제시했을 때, 프로이트는 꿈을 꾼 장본인으로부터 직접 듣지 않은 이 꿈들의 해석을 거부했다. 실제로 바이에의 주장에 따르면, 데카르트의 세 가지 꿈은 지금은 소실된 데카르트의 저서 『올림피아』 속에서 발견한 것을 자신이 다시 기록한 것이라고 한다.

첫번째 꿈에서 데카르트는 정면에서 불어오는 강풍을 마주 받으며 힘겹게 길을 걷고 있다. 그는 오른쪽 옆구리에 고통을 느끼고 교내 성당으로 피신해 들어간다. 두 번째 꿈에서는 엄청난 위세로 천둥이 내리치는 장면을 목격한다. 쏟아지는 번개의 불꽃 때문에 데카르트는 눈이 부시다. 세 번째 꿈은 전편보다는 조금 더 편안한 꿈으로, 시집 하나가 그의 눈앞에서 펼쳐지는 장면이다. 펼쳐진 면에서 그는 “*Quod vitae sectabor iter?*”(나는 인생에서 어떤 길을 걸을 것인가?)라는 문장을 보게 된다.

데카르트는 스스로 세 편의 꿈을 해석했다. 그의 해석에 따르면, 이 꿈들은 인생에서 따라야 할 정도(正道)를 일러준다고 한다. 즉 지난날의 생활방식을 버리고 진실 탐구에 몸을 바쳐야 한다는 해석이었다.

데카르트의 꿈은 진정한 의미에서의 꿈이라기보다는 ‘몽상’, 즉

관습이 상당 부분 개입된 하나의 이야기라고 해야 옳을 것이다. 17세기에는 '사상가 – 자신을 – 스스로에게 – 발현시키는 – 몽상' 이라는 주제는 통상적인 화두였다. 잠에서 깨어난 순간 아직 '따끈따끈한' 꿈을 개인 수첩에 기록하여 정신분석의 재료로 삼는 현대식 꿈과는 거리가 멀었다.

그러나 여과된 것이라고 해도 데카르트가 이야기하는 꿈의 전언은 명백하다. 그것은, 철학자가 되는 것은 하나의 영감, 계시, 전향, 능력의 부여, 에너지의 소생을 인정함으로써 가능한 것이며, 데카르트가 '결단' ("인생에서 자신감을 가지고 앞으로 나아간다")이라고 부르는 그것을 어디서부터인가 구해냄으로써 가능하다는 말이다. 어딘가에서, 그런데 그곳은 어디일까? 자신의 내부, 자신의 '심연', 오늘날 우리가 '무의식' 이라고 부르는 그곳에서부터인가? 아니다. 그것은 외부적인 존재, 우리의 조상들이 '다이몬' 혹은 '수호신' 이라고 부르던 신비로운 존재로부터이다. 달리 표현하자면, 혼자만의 힘으로는 철학자가 될 수 없다는 말이다.

루소, "나 역시 계시를 받았다"

1749년 10월의 어느 날, 루소는 뱅센 요새를 향해 걸어가고 있었다. 감옥에 수감된 친구 디드로를 방문하러 가는 길이었다. 날은 몹시 더웠고 그늘은 거의 없었기 때문에 루소는 발걸음의 속도를 늦춘다. 그는 '폭염과 피로에 지쳐서' 천천히 걸으면서 『메르큐르 드 프랑스』(18세기 프랑스 문화 시사 잡지 − 옮긴이)를 읽는다. 순간 그의 시선은 디종 아카데미에서 공모하는 주제 위로 떨어진다.

"과학과 예술의 발전은 인간의 심성을 타락시키는 데 기여하는가, 아니면 순화하는 데 기여하는가?"

그것은 계시였다. "이 문장을 읽는 순간, 나는 하나의 다른 우주에서 살게 되었고, 다른 사람이 되었다." 그의 운명은 바로 그것이었다. 그는 철학자가 될 운명이었던 것이다. 순간 그는 운명을 확신하게 된다. 떡갈나무 아래에서 걸음을 멈추고 그는 연필을 꺼내어 논문(일등상을 수상하게 되는)의 첫 부분을 적어나간다.

디드로가 있는 곳까지 도착했을 때 그는 '광기 어린 흥분 상태'였다. 니체의 실스 마리아에서처럼, 데카르트의 난로 속에서처럼 그날도 매우 더웠다. 세 번의 열기, 그리고 세 번에 걸친 수호신의 출현…….

루소의 뱅센 길은 성 바오로가 걸었던 다마스코스의 길과 동일한 의미를 지닌다. 성 바오로는 다마스코스로 가는 길에 개종하였다. 때는 정오경이었다. 어떤 목소리가 들려왔고 하늘에서 거대한 빛이 비췄다. 그와 수행원들은 땅바닥에 엎드렸다. 뜨거운 햇살은 이 장면에도 있었다. 다마스코스를 뱅센으로 대치해 보자. 그리고 신을 지혜로, 종교를 철학으로 대치해 보면, 우리는 동일한 시나리오, 즉 세월의 흐름과 함께 변주곡의 형태로 나타난 '개종'이라는 동일한 주제를 얻을 수 있다.

이번에는 밀라노의 정원에서 성 아우구스티누스에게 일어났던 장면을 보자. 아우구스티누스는 한 사막의 은자로부터 들은 이야기에 큰 충격을 받고 무화과나무 아래 앉는다. 갑자기 "읽어라" 하는 목소리가 들려온다. 그는 성 바오로의 책을 주워들고 펼친다. 그의 눈앞에 나타난 첫 문장은 "호식도, 술도, 오입도 없을지어라"였다.

이렇게 해서 기독교의 지혜로 개종한 그는 이 행보를 당장 어머니 모니카에게 알렸다(아우구스티누스는 무슨 일이든 항상 어머니에게 알렸다). 그런데 눈앞에서 펼쳐지는 한 권의 책이라는 주제는 ― 세월을 거슬러 내려가 보면 ― 데카르트의 세 번째 몽상에서도 찾아볼 수 있다. 루소로 말하자면, 그는 아우구스티누스에 대해서 잘 알고 있었다. 『고백록』이라는 책 제목도 아우구스티누스에게서 빌려오지 않았는가.

예전에는 철학자라는 명색이 무색하지 않으려면, 하나의 충격, 단절, 존재 전체의 연소를 겪어야 했다. 오늘날의 학위에 상응하는 것이라고 하겠다. 루소는 "나는 교수 자격 시험에 합격했다"고 말하는 대신, "나 역시 계시를 받았다, 나 역시 밀라노의 정원을, 다마스코스로 가는 길을 겪었다"고 말한다. 그리고는 자기가 겪은 뱅센의 길에 대해서 이야기하는 것이다.

그런데 현대에 와서, 사르트르가 "실존주의는 생 제르맹 데 프레 거리에서 어느 한 순간 나의 눈앞에 발현되었다"라고 말하는 장면을 상상할 수 있을까? 계시받은 철학자의 시대는 끝났다. 근대의 관학주의(官學主義)는 과거 철학자들의 흥분 상태를 대치할 만한 무엇인가를 마련하지 못했다. 옛날의 철학자들은 운명을 부여받았지만, 근대의 철학자들은 직업적 성공을 부여받았다. 번개 같은 충격, 뜨거운 충격은 어디에 있는가? 철학자들은 냉혈동물이 되어버렸다.

천재라고 하는 것은, 단지 천재적인 생각을 한다는 것뿐 아니라, 천재적인 생각을 할 수 있는 권리를 스스로에게 부여하는 것, 어느 누구와도 다른 방식으로 생각하는 것을 스스로 허용하는 것을 의미하며, 우리에게 생각하는 방법을 가르쳐준 사람들, 즉 우리의 아버지들로부터 벗어나는 것을 의미하기도 한다. 부자간에 대를 잇는 철학자는 없다. 철학자의 길을 걷는다는 것은 자신의 혈통과 절연한다는 것을 의미한다. 그것은 랑그르의 칼붙이 제조인(디드로), 푸아티에의 의회 의원(데카르트), 팔레의 영주(아벨라르), 록켄의 목사(니체), 메르키르히의 성당지기(하이데거)가 되지 않는다는 것을 의미한다. 그것은 가족의식을 저버리고 새로운 일족, 또다른 아버지를 선택하는 것을 의미한다.

계시, 흥분, 열기의 충격 등이 발현되는 순간, 그곳에 나타나는 자는 누구인가? 대체 누가 말하는가? 장담컨대, 그것은 부성(父性)의 목소리이다. 그러나 그는 더 이상 위협적인 아버지가 아니다. 정반대로, 조상들이 거쳐온 행로에서 탈선한 철학자의 새로운 행로를 인정해 주는 아버지이다.

계시의 경험을 갖지 못한 철학자는 평생 어린아이로 남아 있게 된다. 그들은 겁쟁이이고, 새로운 사상 앞에서는 뒷걸음질치며, 문서의 권위에 매달리고, 전통의 치마폭에 숨어서, 자기 자신이 아닌 다른 사람의 말들을 반복하면서 인생을 보낸다. 스스로 개척해 나가야 하는 운명에 따르는 엄청난 위험에 지레 겁을 집어먹은 그들은 강박관념에 사로잡힌 듯 '위대한' 인물들의 문장을 인용하고 주해하는 것으로 일생을 보내는 것이다.

바그너의 예언과 니체의 실패

니체의 여동생 엘리자베스 푀르스터는 사인(死因)을 조작하는 데에는 전문가였다. 그녀는 오빠 프리드리히 니체가 '과로' 때문에 사망했다고 주장했으며, 자신의 남편 베르나르 푀르스터는 열대열(사실 그는 파라과이에서의 무절제한 여행 때문에 파산하여 결국 자살했다) 때문에 사망한 것이라고 말했다. 또 자기 남매의 아버지는 불행한 추락사고로 사망했다고 이야기했다.

그런데 아들은 아버지가 매독으로 죽었다고 평생 동안 굳게 믿었다. 부친의 사인에 대한 진실을 밝혀낼 방법은 전혀 없었다. 그러나 중요한 점은, 니체 자신이 그렇게 믿고 있었다는 사실이다. 그가 자신의 족보를 있는 그대로 받아들이고자 하지 않았다는 점은, 스스로 '폴란드계' — 그것도 귀족 혈통의 — 혈통을 사칭하고 다녔다는 사실에서 쉽게 알 수 있다.

진실이 밝혀지지 않은 아버지의 유령은 이리저리 헤매면서, 상상력 풍부한 자식들에게 많은 근심거리를 가져다줄 수밖에 없다. 잘못 매장된 시신, 거짓말 속에 갇힌 시신은 언젠가는 관 뚜껑을 들어올리게 마련이다. 어디로 가려고? 매독의 의심을 안고 사망한 목사, 참으로 가당찮은 이 아버지가 남겨놓은 벌어진 구멍을 들여다보는 대신, 니체는 이 질문에 대한 해답을 진정 알고 싶어했을 것이다.

빈자리를 메우기 위해 그는 리하르트 바그너(Wilhelm Richard Wagner) 속에서 또 하나의 아버지, 진정한 아버지, 영광스러운 아버지의 상을 찾고자 하였다. 그러나 슬프도다! 바그너를 향한 사모의 마음은 단 몇 달 만에 막을 내렸다. 니체는 음악까지 포함하여 모든 분야에서 바그너의 제자가 되고자 했지만, 거세자 아버지 바그너는 니체에게 끔찍한 평가만을 하사하여 고통을 주었다.

결국 바그너가 말하고자 했던 것은, 당신의 작곡은 형편없고, 당신이 열렬히 외쳐대는 바그너 찬양운동에 대해서라면 관심이 전혀 없을뿐더러, 당신이 쓰는 철학서는 아무 가치도 없다는 내용이었다. 이에 덧붙여, 당신이 사랑하는 코지마는 내 것이라는 사실도 잊지 말라는 의미까지 들어 있었다.(니체는 바그너의 아내 코지마 바그너를 흠모했다 –옮긴이)

바그너의 예언을 요약해 보면, 이 청년은 아무 가치도 없으며 아무 일도 해낼 수 없을 것이라는 말이었다. 저주받은 아들 니체는 트리브쉔의 천국 — 바그너의 저택 — 밖으로 쫓겨나 바그너의 저주에 대항하는 투쟁으로 남은 인생을 보낸다. 그러나 아무리 그가 바그너를 매도하는 글과 복수의 글, 저주 등을 수없이 퍼내며 지난 날의 우상을 짓밟는다 해도, 자식의 상처받은 마음을 씻을 수는 없었다. 또 피우지 못한 코지마에 대한 사랑으로부터도 해방될 수 없었다.

말 잘 듣는 아들 니체는 바그너의 예언을 그대로 실현했다. 그는 실패했던 것이다. 그의 저서들은 하나같이 상업적 실패를 가져왔다. 성공도 인정도 전혀 받지 못했다. 혹자는 세상의 냉담한 반응과 침묵 때문에 그가 미쳤다고 말하기도 한다. 그러나 니체의 생애 마지막 몇 년 사이에 파리에서는 텐(H. A. Taine, 프랑스의 평론가 – 옮긴이)이, 코펜하겐에서는 게오르크 브란데스(G. Brandes, 덴마크의 문학비평가 – 옮긴이)가 그에게 찬사를 보내는 기사들을 썼다. 단 혹평에만 온갖 신경을 곤두세우고 있던 니체가 이러한 전율을 미처 느끼지 못했을 뿐이다.

유럽 전체가 그에게 관심을 갖기 시작했다. 바로 그 순간 그는 미쳐버린 것이다. 우리는 "니체는 성공하지 못해서 죽었다"고 반복하는 대신, 성공의 첫 징조가 나타나기 시작했을 때 '죽었다'는 사실을 알아야 할 것이다. 저주받은 아들을 위한 교훈은 다음과 같다. 성공하는 것은 좋다, 그러나 실패하는 것은 더욱 좋다.

르네 데카르트의 아버지 조아셍 데카르트는 아들이 보낸 『방법 서설』을 받아보았을 때 못마땅한 기색을 조금도 감추려 하지 않았다. "내 자식놈은 고작 송아지 가죽 제본이나 만들 위인이다." '푸아티에의 의회 의원'인 아버지가 이 책을 한 줄이라도 읽어보았을까? 절대 그렇지 않았을 것이다.

아버지는 셋째 아들의 인생 행로에 대해서는 전혀 관심이 없었다. 이런 아비에 대해서 데카르트도 톡톡히 신세를 갚아주었다. 조아생 데카르트가 사망했을 때 그는 네덜란드에서 꼼짝도 하지 않았다. 또 형제들의 결혼식에도 참석하지 않았다. 그는 가문에 대한 소속감이 없었으며 아버지의 그늘 아래에서 사고하지 않았다. 미지의 방향으로 뱃머리를 돌린 데카르트의 항해로는 자유로웠다.

계시받지 못한 칸트

칸트는 어떤 목소리를 들었다거나, 계시를 받았다거나, 환영을 보았다거나, 열기의 충격을 받았다거나, 신비의 밤을 보냈다거나 한 일이 한 번도 없었다. 그는 어떤 다이몬도 갖지 못했으며 어떠한 흥분 상태도 겪지 않았다. 또 생각을 많이 하는 사람들이 종종 겪게 되는 직업병, 즉 조울증에도 걸리지 않았다. 자신의 건강에 강박적으로 집착했던 그는 병에 걸릴까봐 항상 겁에 떠는 일종의 우울증 환자로서, 살아남는 것을 지상의 목표로 삼았다고 스스로 밝히고 있다.

"나로 말하자면, 나의 흉곽은 심장이 운동하기에 충분한 자리를 허락하지 못할 만큼 납작하고 좁기 때문에 나는 선천적으로 우울증 기질을 가지고 있다. 예전에는 나의 우울증 기질이 삶에 대한 혐오감까지 이른 적도 있었다."

그가 말하는 혐오감은, 칸트의 삶의 예술에서 중심이 되는 가치, 즉 늙을 때까지 살아야 한다는 가치를 잘 살펴보면 쉽게 이해할 수 있다. "인간의 삶을 연장시킨다는 것은 결국 살아 있는 자들이 우리를 너그러이 받아들여준다는 데까지 이르게 된다. 그것은 가장 유쾌한 삶의 조건이라고는 할 수 없다."

이 말을 풀어서 요약해 보자. "나는 오래 살기 위해서 갖은 노력을 다한다. 다시 말하자면, 신체불수가 되고 불구의 상태에 이르기까지 기다린다. 그런데 이러한 시도가 내포하는 부조리가 나를 의기소침하게 만든다."

그렇다면 우리는 평온한 칸트, '독신자의 일상생활에 맞추어 정밀하게 입력된 자동인형'이라는 칸트의 이미지를 수정해야 할 것이다. 편집적인 그의 생활방식은 동프로이센의 광활한 늪지대 평원만큼이나 커다란 불안을 숨기고 있었다. 그는 평생 내면 깊숙한 곳으로부터 허약한 어린아이로 남아 있었다.

사실, 애초부터 '가슴이 허약하게' 태어난 데카르트보다 칸트가 더 약한 체질은 아니었을 것이다. 그러나 프랑스 철학자와는 반대로, 칸트는 자신의 건강상태가 전적으로 불안정하다는 확신 아래 살았다. 그리고 이 확신으로부터 그는 굵고 짧게 사는 것보다는 가늘고 길게 사는 것이 중요하다는 결론에 이른다. 요는, 정신의 웅대함이 아니라 정신의 길이였다. 그는 철학을 위해 산 것이 아니라 살아남기 위해 철학을 한 철학자였다.

그가 왜 쾨니히스베르크를 절대로 벗어나지 않았는지도 이해할 수 있다. 쾨니히스베르크. 이 마법의 여섯 음절은, 질병이 만연하는 외부 세계의 위험으로부터 그를 보호해 주었다. 여하간에 외부 세계는 다른 방식으로 충분히 접할 수 있었다. 병균 없이 깨끗이 소독되어 백과사전이나 사전, 여행기, 논문, 잡지 등의 형태로 쾨니히스베르크까지 도착하는 매체들이 있지 않은가. 그러니 굳이 왜 여행을 하겠는가?

젊은 임마누엘 칸트를 거두어 보호하던 부친의 친구 프란츠 알베르트 슐츠 교수가 쾨니히스베르크 대학 총장으로 임명되었을 때, 그는 자신이 돌보아온 청년에게 다음과 같은 질문을 던졌다. "자네는 마음 깊숙한 곳으로부터 신을 두려워하는가?" 젊은 칸트가 어떻게 대답했는지에 대해서는 기록이 남아 있지 않다. 그러나 그가 긍정의 대답을 하였으며 두려움에 사로잡혀서 면회실을 나왔으리라는 것은 확실하다.

그에게는 두 가지의 선택이 있었다. 첫째, 당장 쾨니히스베르크를 벗어나 먼 곳으로 가서 자유롭게 생각하는 것. 둘째, 슐츠의 그늘 아래에서 아버지에 대한 두려움에 벌벌 떨면서 고향 마을에 그대로 주저앉는 것이었다. 그는 후자를 택했다. 그는 자신의 고향과 두려움에 묶여 지냈다. 고작해야 매일 똑같이 반복되는, 위생적인 산책이나 허용하는, 짧은 실에 발목이 묶인 벌레처럼.

13 불멸의 연인, 엘로이즈와 아벨라르

중세 최대의 연애사건

    엘로이즈를 만나기 전까지 아벨라르는 많은 여성을 경험하지 못했다. 중세기의 존경받는 모든 교수들과 마찬가지로 39세의 그도 독신이었다. 신학이냐 가정생활이냐 둘 중 하나를 선택해야 했다. 남편이냐 대학교수냐, 아이를 만드느냐 책을 만드느냐. 한 번에 두 가지를 다 할 수는 없었다. 가정을 꾸리려면 돈이 필요했고 시간도 많이 필요했다.

    반면 철학은 독점적인 애인이었다. 철학은 진리와 지식인 사이에 여자가 끼어드는 것을 용납하지 못했다. 단지 육신의 기본적 욕구를 충족하기 위해 술집에서 창녀들을 껴안고 유희하는 정도였다. 그리고는 영혼을 씻기 위한 대대적인 고해성사가 따랐다.

아벨라르가 엘로이즈에 대한 소문을 들었을 때 그는 이미 진리를, 독신을, 대학을, 책을 선택한 사람이었다. 당시 17세였던 엘로이즈는 뛰어난 교양과 미모로 파리 전체에 소문이 파다했다. 고위 성직자인 숙부 풀베르(어쩌면 친아버지인지도 모른다) 밑에서 자란 이 파리의 진주는 그리스어, 라틴어, 히브리어를 통독했다.

아벨라르는 그녀에게 접근해 보려고 시도했다. 그는 이 촉망받는 아가씨의 교육을 심화하기 위하여 얼마간의 개인지도가 필요하다며 풀베르를 설득시키기에 이르렀다. 이렇게 해서 늑대는 양의 우리로 들어갔다. 그 순간의 육체적 폭발, 너무나도 오랫동안 억눌러진 체액의 해일, 그들의 육체적 결합의 격렬함을 묘사하는 데에는 '첫눈에 반하다' 라는 표현은 충분치 않다. 누가 누구를 이끄는가? 책들이 구겨지고, 성가대 악보 받침대가 엎어진다……. 아리스토텔레스의 글귀 위에 떨어지는 정액! 참으로 대단한 주해가 아닌가!

그들은 라틴어로, 그리스어로, 아니면 히브리어로 절정의 순간을 토로하였을까? 여하간에 아벨라르는 특별한 노력을 기울이지 않고 이 단계까지 이를 수 있었다. 첫 시선이 오가기 전부터 이미 처녀는 아벨라르에게 매료되어 있었다. 아벨라르의 명성은 아벨라르 자신보다 그녀의 집에 먼저 도착해 있었기 때문이다.

피에르 아벨라르, 학생들의 우상, 당대를 통틀어 가장 탁월한 웅변술을 가진 교수, "갈리아의 소크라테스", 그의 적이었던 클레르보의 성 베르나르가 붙인 별명처럼 "변증법의 골리앗", 한마디로 그는 스타였다. 열일곱의 나이에 철학을 사랑하는 아가씨라면 어찌 그에게 저항할 수 있겠는가?

엘로이즈는 지상에서 가능한 모든 부드러움과 모든 육체적 쾌락을 맛보았다. 애무뿐 아니라 구타까지 당하였다. 20년이 지난 훗날까지 엘로이즈는 아직도 식지 않는 감동에 북받쳐 무릎을 떨면서 지난날의 스승이자 연인인 아벨라르에게서 당했던 짜릿한 구타와 타박상의 추억을 이야기했다.

돌연 아벨라르는 그녀에게 결혼을 제의한다. 엘로이즈는 기가 막혔다. 그가 미쳐버린 것일까? 그녀가 임신한 것은 사실이었다. 그러나 그것은 별 것 아닌 문제였다. 브루타뉴 지방으로(차라리 외국이라고 하는 것과 같다) 한 번 왕복해서 어린 아들 아스트로라브를 해산하고 오면 간단히 해결될 일이었다. 아기의 이름에서 우리는 엘로이즈에 대해 많은 것을 읽을 수 있다.

그녀는 멋지고 근대적인 여성이었다. 천체와 천체의 위치를 관측하는 기구를 지칭하는 단어 '아스트로라브'는 그들의 연애사건이 발발했던 12세기에 나타난 신조어였다. 만약 엘로이즈가 우리 시대에 살았더라면, 아마도 그녀는 아이의 이름으로 '레이저' 혹은 '마이크로파' 등을 골랐을지도 모른다. 아스트로라브라니! 이 인텔리 엄마는 아기에게 지극히 근대적인 이름을 선사하고 나서는 풍만한 가슴을 가진 현지 젖먹이 어멈에게 아이를 맡기고 — 그것도 영원히 — 아벨라르의 곁으로 돌아와 그의 심경을 돌이키려고 애썼다.

그녀는 결혼을 거부했다. 그녀의 주장에 따르면, 철학자는 결혼을 해서는 안된다는 것이었다. 물론 그녀가 이렇게 단순명료하게 표현한 것은 아니었다. 그녀는 논거를 들고 나올 때면 테오프라스토스(Theophrastos, 그리스 철학자 - 옮긴이), 히에로니무스(Eusebius Hieronymus, 크로아티아 출신의 성서학자이자 라틴 교부 - 옮긴이) 등 가장 뛰어난 학자들을 인용했으며, 악처 크산티페로부터 학대받았던 소크라테스를 (고의적으로) 앞에 내세웠다.

자신의 여권주의를 한층 강하게 표명하고 ― 그녀가 원한 것은 '우정', 즉 남자와 여자간의 순수한 사랑이었지 남편과 아내간의 경제적 노예 관계가 아니었다 ― 자신의 권리를 더욱 주장하기 위해서 그녀는 "여자와 철학, 그것은 망원경 위에 놓인 행주"라고 하는 여성혐오주의 전통을 통째로 사용하는 것이었다. 아니다. 인류 전체의 이익을 위해 창조된 남자는 여자라고 하는 허약하고 사악한 창조물의 노예가 되어서는 안된다. 라틴어의 'conjugum'이 말해 주듯, 결혼이라는 것은 한탄스러운 족쇄일 뿐이다. 두 주인을 동시에 섬길 수 없듯이 철학과 아내를 동시에 갖는다는 것은 불가능하다…….

때로 그녀는 상당히 적나라한 용어를 쓰기도 하였다. "저는 당신의 창녀가 될지언정 당신의 아내는 될 수 없습니다." 자, 엘로이즈가 어떤 식으로 이야기했는지 보셨다. 그녀는 자신의 운명적 배필에게 교수로서 뛰어난 활동을 이어나가려면 독신으로 살아야 한다고 설득하는 것이었다.

그러나 아벨라르는 고집스러웠다. 엘로이즈의 숙부이자 고위 공직자인 풀베르의 오욕을 씻는 단 한 가지 방법은 결혼뿐이라고 그는 주장했다. 빈약하고 이상야릇한 논거였다. 그런데 우리의 영웅이 이렇게 고집을 부리는 까닭은 대체 무엇일까? 도저히 억누를 수 없는 풍기문란의 욕구가 나이 사십에 발동한 것일까? 광란하는 정오의 악마인가? 그것도 가능한 일이다. 뛰어난 화술의 연막과 근사한 인용구 뒤에 실제로는 임상적이고 간단한 실체가 있는지도 모른다. 말하자면 간음이었다! 이 흥미로운 단어는 라틴어의 'fornix'에서 유래한 것으로, 로마에서 창녀가 손님을 맞던 방의 궁륭을 의미했다.

사실 간음이라는 것이 무엇인가? 둘이서 몸을 궁륭형으로 만들거나, 아니면 아벨라르처럼 자신의 몸을 아치형으로 만드는 것이 아닌가. 이 정신 나간 아벨라르는 비밀리의 결혼이라는 당치 않은 해결안을 엘로이즈에게 강요하고 있었다.

이 소식을 들은 풀베르는 격하게 분노하였다. 아벨라르는 엘로이즈를 안전한 수도원으로 피신시켰다. 드디어 풀베르가 반격을 가해 왔으니, 칼잡이 하수인 둘을 보내어 잠자고 있던 아벨라르를 기습하게 한 것이다. 그는 아벨라르가 죄를 범한 바로 그곳, 생식기에 벌을 내렸다.

칼은 한 치의 오차도 없었다. 풀베르는 찔러야 할 곳을 정확히 찔렀다. 우리의 영웅, '갈리아의 소크라테스'의 앞날은 이제 절단이 나고 말았다. 거세된 자는 교회의 고위직을 맡을 수 없었기 때문이다. 더 이상 아벨라르는 대학교수가 될 수 없었다. 당시에는 교수가 되려면 정식 사제로서 사제회의 일원이 되어야 했다. 거세 당한 아벨라르는 무능력자, 우스갯거리, 실업자가 되었다.

굳이 비교해 볼 때, 오늘날 누군가가 철학자의 생식기를 치는 일이 발생한다면, 그 결과가 이처럼 중대한 파장을 몰고 오지는 않을 것이다. 그러나 그 당시에는 철학의 정의와 특질이 센티미터 단위로 결판나는 문제였다.

이제 아벨라르에게는 수도승이 되는 길밖에는 남지 않았다. 그는 파라클레 수도원을 설립하여 엘로이즈를 수녀장으로 앉히고 자신은 브루타뉴로 도피하였다.

그리하여 자그마한 기도실을 개조해 만든 이 수도원을 멀리서 지휘 운영하게 된다. 그가 아내에게 보낸 편지들은 독실한 신앙과 회개의 내용을 담고 있었으며 순결을 설교하는 것들이었다. 실상 지금 상태에서 아벨라르가 순결을 설교한다고 해서 그로서는 더 이상 손해 볼 것도 없었다.

한편 엘로이즈는 아무것도 후회하지 않았다. 그녀는 변함없이 뜨거운 사랑을 불태우며, 그들의 격렬한 포옹과 예배당에서 나누었던 불경스러운 사랑 등을 상기시키는 정열적인 답신을 보냈다. 그러나 아벨라르는 이런 넋두리와 한숨을 더 이상 듣고 싶어하지 않았다.

그는 그녀를 "예수 그리스도의 품속에서의 자매"라고 부르며 고고한 수도사의 어조로 대꾸하였다. 물론 그녀는 그가 다른 별명으로 불러주기를 고대했지만, 살아생전 그렇게 불리는 일은 다시 없었다.

아벨라르를 거세한 엘로이즈

아벨라르를 변호한다는 것은 헛된 일일 것이다. 이 위대한 지성은 아리스토텔레스를 완벽하게 이해하고 있었지만, 엘로이즈를 제대로 이해했는지는 의심스럽다. 에티엔 질송(Etienne Gilson, 프랑스의 철학자 – 옮긴이)의 표현을 인용하자면 그는 "거짓된 상황 속의 인간"이었다. 반면 엘로이즈는 참된 상황 속에 있던 여성이었다. 그녀는 자신의 사랑에 충실했고, 사랑에 따른 결과를 당당하게 받아들였다. 그녀는 안정된 결혼생활을 거부했다. 아벨라르는 영원한 연인이었지만 결코 남편은 될 수 없었다. "저는 당신의 창녀가 될지언정 당신의 아내는 될 수 없습니다." 엘로이즈에게 사랑은 감정의 문제일 뿐 계약은 될 수 없었다!

그렇다고는 해도, 아벨라르의 '철학'에 대해서 그녀는 어떤 생각을 가지고 있었을까? 당연히 그녀는 당시의 일반적인 생각을 가지고 있었을 것이다. 말하자면 사제, 긴 옷 입은 남자, 사제회의 일원이었다. 그러한 남자에게 결혼은 당연히 가당치 않은 것이며 실추를 의미하는 것이다. 엘로이즈가 자신의 영웅으로부터 기대한 것은, 당시의 규범에 따라 독신으로 살아가는 대학교수로서의 빛나는 커리어였다.

그런데 문제는 피에르 아벨라르가 좀 별난 인물이었다는 데에 있다. 치렁치렁한 교수 의복 안에 그는 아직도 숫구친 검의 날과 사슬 갑옷을 지니고 있었으며, 무엇보다도 비종교적 지성인들이 신던 반양말을 숨겨두고 있었던 것이다. 아벨라르는 '골리아르 운동'에 가담하고 있었다. 그것은 교회와 도시의 부르주아 계층, 그리고 농부들에게 대항하는 운동이었다. 즉 기존의 체제에 맞서는 운동이었던 것이다. 모살적인 후렴과 노랫가락을 동원한 파리 지식인들의 반동. 간단히 말하자면 중세판 '무정부주의 운동'이었다.

아벨라르는 골리아르 지도자 중 하나였다. 그는 시인이자 작곡가이기도 했다(1991년 성신강림일을 맞아 퐁티비 수도원에서는 아벨라르의 작품들을 모은 연주회가 열렸다). 그가 만든 노래는 민중에게 어필하는 또다른 방식의 웅변이었다. 그의 후렴은 흥얼거리는 입을 통해 생 주느비에브 산을 덮으며 울려퍼져 나갔다. 군중은 열광했다. 그는 스타였다.

결혼에 대한 그의 광적인 집착은 이러한 각도에서 이해되어야 할 것이다. 당시의 시각으로 보면 망상으로만 여겨지던 이 기발한 착상은 20세기에 우리가 겪은 혁명과는 정반대 방향의 이야기였다. 사르트르 교수와 보부아르 교수가 가정을 이루기를 거부하고 나왔을 때, 그것은 그들이 살던 시대에 전혀 부합되지 않는 행동이었다. 그런데 12세기에는 철학자의 반(反)인습주의가 결혼을 원한다는 데에 있었다. 엘로이즈는 이러한 점을 보지 못했다.

그녀는 아벨라르가 '잘되기를', 적어도 그녀 자신이 생각하는 '잘되는 것'을 바랐다. 그녀는 아벨라르가 훌륭한 대학교수로서 빛나는 커리어를 이어가기를 바랐던 것이다. 그러나 골리아르파 예술가의 생각은 다른 곳에 가 있었다. '거짓된 상황 속의 인간'이라는 것은 유토피아적 해결을 구하는 인간을 달리 표현하는 말이다. 삭발한 수도승은 자신이 살롱과 카페가 있는 18세기에 살고 있다고 잘못 믿은 것이었다.

갖은 불행 끝에 수도승이 되고 난 후 그는 변호조차 할 수 없는 위인이 되어버렸다. 그는 항상 울먹였고, 주변 사람들을 성가시게 했으며, 교훈이나 주는 인간이 되었다. 지난날의 그 어느 때보다 아름답게 빛을 발하는 엘로이즈 앞에서 그는 편협한 수도승에 불과했다. 삭발을 하는 바람에 뇌가 갉아먹힌 것일까. 예전의 열정과 광기는 얼마나 대단했던가!

그는 철학에 대해서 단테 식의 사고를 가지고 있었다. 비종교적인 활동, '천사의 빵', 지상의 황홀경. 그는 한 시대를 사는 참여적인 인물이 되고자 꿈꾸었다. 교회와 교리로부터 해방된, 신부도 아니며 거지도 아닌, 완벽한 한 명의 시민을 꿈꾸었던 것이다. 철학을 신학으로부터 해방할 수 있는가? 실제로 그는 자신의 삶 속에서 이를 실현해 보고자 시도했다. 무거운 현실 감각, 이성의 목소리, 슬픈 이성의 목소리, 그것은 낭만적인 엘로이즈였다. 아벨라르의 진정한 거세자는 엘로이즈였던 것이다.

그는 자신의 시대를 초월했다. 아주 많이도 아니고, 글쎄, 굳이
말하자면, 몇 센티미터만큼 과하게 정열적이었던 것이다. 그리고
사람들은 그에게서 그것을 제거해 버렸다.

독일적이지 않은 철학자, 칸트

칸트는 가터벨트의 창시자였다. 『순수이성비판』의 저자는 무릎 둘레를 조이는 스타킹의 끈을 싫어했다. 그는 끈이 혈액의 순환을 막는다고 생각했다. 하지만 달리 어떻게 스타킹을 고정시킬 수 있겠는가? 당시 이 난제는 남성들에게도 중요한 문제였다. 칸트는 묘안을 찾아냈다. 시계 용수철을 넣은 작은 상자 2개를 허벅지에 부착하고 용수철에 끈을 묶은 후 끈의 반대편 끝에는 고리를 달았다. 그리고 스타킹 상단의 구멍에 고리를 걸었다. 끈의 압력은 상자 속에 든 용수철에 의하여 조절되었다.

칸트는 가발을 썼으며 옆구리에는 검을 꽂고 다녔다. 그는 매일 손님들을 식사에 초대했고 그들과 더불어 오랫동안 담소를 나누었다. 대화의 주제는, 손님들을 지루하게 할 위험이 있는 철학을 제외한 모든 것이었다. 칸트는 로코코식의 18세기 인물로, 편집중을 넘어서 기괴하다고까지 할 수 있는 철학자였다. 칸트의 뒤를 잇는 철학자들, 즉 프랑스 대혁명이 발발하던 당시 스무 살이었던 헤겔과, 근대화를 갈망하던 중 나폴레옹이 독일까지 진입하는 장면을 목격했던 헤겔주의자들에게 칸트는 "가발 쓴 철학자", 과거의 인물 정도로만 비추어졌으며, 이런저런 괴벽들로 미루어 그다지 독일적이라고 하기 어려운 철학자로 인식되었다.

1791년 노년의 칸트는 쾨니히스베르크로 자신을 찾아온 가난한 학생을 맞이한다. 그날의 학생 요하네스 피히테는 칸트 철학의 저서로(칸트 자신이 쓴 것으로 추정된다) 삽시간에 유명해진다. 가발을 벗은 철학자들의 새로운 시대가 개막되고 있었다.

칸트가 세상을 떠난 1804년, 40세의 피히테는 문이 달린 마차를 소유하게 되었다. 그 당시 철학자들이 걸어다녀야 할 만큼 가난뱅이였던 것은 물론 아니지만, 대개의 경우 우편마차를 빌려 타는(헤겔도 이렇게 베를린에서 파리로 여행했다) 것이 상례였던 그 시대에 마차는 일종의 캐딜락과 같은 것이었다.

1811년에 피히테는 최고의 전성기를 맞이한다. 신설된 베를린대학의 총장으로 임명되었던 것이다. 새로운 직무를 수행함에 있어서 그는 규율과 규칙에 대해 그 나름대로 구체적인 생각들을 가지고 있었다.

먼저 그는 학생들 사이의 결투를 금지하고자 하였다. 실속 없는 겉치레식의 개혁이었을까? 절대로 그렇지 않다. 왜냐하면 이 결정의 배후에는 중세시대 이후로 자치성과 권력, 그리고 전통을 유지해 오면서 내부적 갈등을 해결하는 자체적인 방식을 고수해 온 이들 거대한 학생 집단을 '정상화' 하고자 하는 의도가 숨어 있었기 때문이다.

학생들은 각각 출신 지방별로 나뉘어져 다양한 파벌을 이루고 있었으며(당시 독일은 하나의 국가로 통합되지 못하고 각 지방 세력을 중심으로 여러 국가로 나뉘어 있었다 – 옮긴이), 강의실을 넘나드는 만큼이나 술집을 들락거리며 학내 무질서의 싹이 되고 있었다. '근대적' 군주국, 다시 말하면 일사불란하게 통제된 권력을 추구하는 프로이센 군주에게 이러한 학내 분위기는 도저히 묵과할 수 없는 것이었다.

칸트의 정신적 후계자이자 존경받는 철학자인 피히테는 학생들의 권력을 분쇄하려고 갖은 노력을 했다. 그러나 전통의 힘은 예상보다 강했다. 결투는 지속되었다. 1812년, 피히테는 개혁안을 제대로 시행해 보지도 못한 채 총장직에서 물러나야만 했다.

열성적인 프로이센 백성, 헤겔

헤겔은 48세가 될 때까지 기자, 교사, 가정교사, 학교 교장 등 대수롭지 않은 일자리를 찾아 독일 방방곡곡을 전전하였다. 그러다가 1829년 드디어 일생의 정점에 도달한다. 지금까지 그가 걸어온 길에 대한 보상이 베를린에서 그를 기다리고 있었다. 베를린 대학 총장으로 임명된 것이다.

영광된 프로이센 군주국 내에서 이성과 세계의식, 그리고 지성이 실현되었음을 — 나폴레옹 이후로 — 밝히는 총장의 연설이 끝나자 학생들은 모두 기립하여 지휘자의 지휘봉에 맞춰서 「루터의 노래(Lutherlied)」를 라틴어로 합창했다. 그런데 마침내 정상에 오른 전직 가정교사는 언제 다시 아래로 굴러떨어질지 모른다는 두려움 속에서 살게 된다.

루터주의에 대해서 확고한 신념을 가지고 있던 헤겔은 — 1826년 7월 틀럭에게 보낸 서신 가운데 "나는 루터주의자이다. 철학은 나의 루터주의를 더욱 견고하게 해주었다"라고 썼다(규칙을 사랑했고, 한치의 유머 감각도 없었으며, 임기응변의 재주도 없었다). 중상류 계층의 경직성에 푹 파묻힌 그는 관록과 체면을 중시했다. 그에게는 카리스마가 없었다.

세기의 지성이 펼치는 강의를 듣고자 독일 전역에서 몰려든 학생들은 심히 실망했다. 헤겔은 말솜씨가 없었으며, 말하는 도중에 적합한 단어를 찾아 헤맸다. 더욱이 그의 말투는 고향 슈바벤 지방의 억양을 그대로 담고 있어서 수강자들은 더더욱 이해하지 못했다. 그는 '에트바스'(etwas, 어떤 것)를 '에페스'(eppes)라고 발음하곤 했다.

1821년 헤겔은 반대파 자유애국주의 지도자인 프리스(Jakob

Friedrich Fries)라는 철학 교수를 공격하기 위해서 상대가 경찰의 압박을 받는 시기를 택했다. 할레시(市)의 한 신문은, 이러한 처사는 위대한 철학자로서 "썩 고귀하다고 할 수 없는 행동"이라고 평했다. 노발대발한 헤겔은 문제의 신문을 처벌 조치할 것을 당국에 요구했으며, 왕실에 호소하여 "언론의 지나친 자유"에 대해서 불평을 토로하였다. 알텐슈타인 장관은 고압적인 헤겔의 분노를 누그러뜨려야 했다. 장관은 그에게 명예훼손을 당했다고 여겨진다면 법원에 호소할 것을 충고하였다.

1830년 헤겔은 유럽 전체를 뒤흔들며 퍼져나가는 '자유주의' 혁명에 큰 두려움을 느꼈다. 이성의 행진은 돌연 그를 겁먹게 하였다. 젊은 시절 그 자신도 프랑스 대혁명 사상을 환호하였건만, 이제는 상당히 온건한 자유의 물결에도 감히 참여할 엄두를 내지 못했다. 프랑스와 영국에서 번져가고 있던 운동은 군주제에 약간의 자유, 얼마간의 보장, 약간의 헌법제를 도입하자는 것뿐이었다. 그런데 헤겔은 이 모든 것에서 민중혁명의 유령만을 보았던 것이다!

프로이센 왕실의 공식 신문인 『프로이센 관보』에 발표한 한 기사에서 그는 영국의 선거법 개정안을 비판하면서, 프로이센 왕실에 대해서는 지나친 찬사를 표현하여 당국을 거북하게 만들기도 했다. 결국 영국 정부와의 불화를 원치 않았던 프리드리히 빌헬름 3세가 직접 개입하여 기사 전문이 발표되지 않도록 조처하였다. 얼마 전에 제3계급 붉은독수리훈장을 수여받은 바 있는 헤겔은 프

로이센 군주보다도 한층 더 열성적인 프로이센 백성임을 보여주
었다.

　19세기의 헤겔은 새로운 분위기를 조성하였다. 이제 품위와 위엄
은 19세기 지성인들, 특히 대학교수들의 휘장으로 자리잡게 되었다.

　반면 18세기의 지성인들은 상당히 자유분방한 기질을 지니고
있었다. 그때만 해도 심각하게 무게를 잡는다는 생각이 최고 지성
들의 뇌를 휩쓸지 않았던 것이다. 18세기의 디드로는 홀바흐 남작
의 그랑발 성으로 초대받았을 때 목격한 한 장면을 이렇게 전하고
있다.

　"그 자리에 함께 초대된 '동네 사제' 는 성의 안주인 덴 부인과
허물없이 친한 사이였다. 살롱에서 그는 부인을 짓궂게 약올렸다.
갑자기 부인이 안락의자에서 벌떡 일어나더니 말을 타듯 사제 위
로 올라탔다. 그러자 사제는 말울음을 내며 기수에게 저항했다.
사제의 저고리가 어깨 아래로 흘러내렸고 부인의 속치마도 앞뒤
로 들춰지며 휘날렸다. 우리는 눈물이 날 정도로, 배꼽이 빠질 정
도로 웃느라고 정신이 없었다. 드디어 부인이 말 등에서 앞으로
엎어지며 이렇게 외쳤다 '가여운 사람. 이제 더는 못 참겠어요. 다
나올 것 같아요. 사제, 이제 그만 날뛰라니까요.' 사제는 (……) 고
의춤에서 신발로 흘러들어가는 미지근한 액체에 흠뻑 젖어 이렇
게 소리쳤다. '사람 살려, 사람 살려, 사람 빠져 죽소.'"

철학은 독일 것?

1817년 파리에서 빅토르 쿠쟁은 합승마차에 몸을 싣고 메츠로 향하는 길에 오른다. 베를린을 향해 가는 동안 그는 프랑크푸르트, 하이델베르크, 마르부르크, 괴팅겐 등을 지나면서 현지의 철학자들을 만나 큰 감명을 받게 된다. 진정 독일은 철학의 모국이자 약속된 땅이었다! 베를린에서 그는 헤겔을 만나 친분을 맺고 그 후로도 서신을 주고받는다.

프랑스로 돌아온 후 그는 소르본 대학에 철학 강의를 개설했다. 이렇게 철학의 대부로 자리잡은 쿠쟁은 타이틀에 걸맞게 의식적인 몸가짐으로 강의에 임하였다. 그는 붉은 감으로 안을 댄 청색 프록코트를 입고 연극배우 같은 동작으로 강단에 올라서서 지팡이와 모자를 강단 위에 내려놓았다. 프랑스 한림원 회원이자, 국가 고문, 왕실 고문위원을 역임한 그는 1840년에는 교육부 장관으로 임명된다. 48년 전 파리의 다락방에서 태어난 쿠쟁은 이제 명실공히 프랑스 문화를 지휘하는 인물이 된 것이다.

그는 도식에 대해서 일종의 편집증을 가지고 있었다. 그는 인간의 정신을 더도 덜도 아닌 7가지 능력으로 구분하였다. 철학을 가르치고, 시험을 치르게 하는 데에는 상당히 편리한 도식이었다. 실제로 시험감독은 그가 가장 즐기던 작업 중 하나였다. 언제나 그는 기꺼운 마음으로 심사위원장을 맡았으며, 아침부터 저녁까지 몸소, 정열적으로, 그리고 혹독하게 지원자들에게 질문하는 일을 즐겼다.

프랑스 철학교육의 창시자인 빅토르 쿠쟁 이후 프랑스에서는, 누가 뭐래도, 철학은 독일 것이라는 인식이 저변에 깔리게 되었다.

프랑스와 독일의 경쟁 관계 속에서, 특히 1870년의 패전 이후로 프랑스 일부 지식인 사이에서는 독일에서 온 것에 대해서는 일단 의심스러운 눈총을 던지는 경향이 나타났다. 심지어 디드로까지도 수난을 겪었다. 『라모의 조카』가 그토록 오래 사장되어 있었던 것은, 이 작품이 독일을 한 바퀴 돌면서 괴테와 마르크스로부터 대대적인 찬양을 받은 후에 프랑스에 도착했기 때문이다. 반독일 사상 때문에, 헤겔의 저서는 양 대전 사이에야 겨우 프랑스에 알려지기 시작했다. 그것도 코제브(Alexandre Kojève, 프랑스의 철학자 – 옮긴이) 등 몇몇 선구적인 철학자들만이 연구에 착수하였으며, 학생들과 대중은 2차대전이 종식된 후에야 헤겔을 접하게 된다. '독일제' 프로이트와 정신분석학도 마찬가지로 의심을 받았다.

그러나 쿠쟁이 베를린을 여행한 지 한 세기가 지난 후에도, 여전히 몇몇 철학자들은(특히 베를린에서 후설의 철학을 발견하게 된 사르트르 등) 베를린 여행을 철학의 필수적 입문 과정으로 여겼다. 드디어 연결선의 열기가 휩쓸고 지나간다. 대-자, 즉-자 등 연결선은 헤겔로부터 시작되었다. 그리고 전-사유(pré-réflexif), 세계-상의-존재(être-au-monde) 등 현상학과 함께 계속 이어졌다. 사르트르의 『존재와 무』에 들어 있는 연결선을 모두 삭제한다면, 책의 분량에서 족히 300쪽은 줄어들 것이다. 그러나 독일제 수입품 가운데 가

장 기막힌 물건은, 독일인들 자신은 막상 모르고 있던 철학자 하나
를 발견해 낸 것이었으니, 그가 바로 하이데거였다.

하이데거! 저고리 안섶에 나치 십자가를 달고 다니는 프라이부
르크 대학 총장, 민주주의자와 평화주의자를 밀고해 바치던 큰 손,
지도자에 대한 애정으로 똘똘 뭉쳐 대학을 말끔히 숙청해 버린 자,
영원한 독일과 금발의 인종을 찬양하던 가죽바지 입은 시인! 그러
나 주의력이 부족한 프랑스 철학계는 1950년대에 하이데거 철학
에 홀딱 빠져 있었다. 그후 20여 년이 지나서야 그들은 "세기의 가
장 위대한 형이상학자"의 저서에서 가스실의 독한 냄새가 풍겨난
다는 사실을 깨닫게 되었다.

1933년 여름, 프라이부르크 대학의 학생들은 숀베르크 산기슭
에 위치한 벽돌공장의 점토 갱 안에서 군사훈련을 받고 있었다.
그들은 사회국가당과 나치 돌격대, 혹은 기타 소규모 극우 집단의
당원들이거나 동조자들이었다. 학생들은 게오르그 스틸러라는 2
미터 장신의 전직 장교가 부르는 호령에 맞추어 나무 총을 들고 행
진했다. 그 순간 자동차 한 대가 와서 멎더니, 통통하고 키 작은 사
내 하나가 내렸다. 마르틴 하이데거 총장이었다. 그는 나치 식으
로 경례를 올려붙였다. 총장은 사복 대신 독일 민족주의자들의 제
복인 무릎쯤 내려오는 바지에 앞을 연 셔츠 차림이었다.

하이데거와 스틸러, 소인과 거인이 나란히 서 있었지만 아무도
웃을 마음이 들지 않았다. 하이데거 총장이 몸소 방문한 것은, 이
들 나치주의 학생들에게 대숙청의 날을 서두르라고 격려하기 위해

서였다. 그날의 연설이 정확히 무슨 내용을 담고 있었을까? 이때의 연설문은 전해지지 않지만, 그로부터 수주일 후에 있었던 "총장의 연설"을 보면 그 내용이 어떠하였을지 대략 짐작할 수 있다.

"본질을 수호하고, 국가 내에서 우리 국민의 내적인 힘을 증진시키기 위하여 자신을 희생시킬 수 있는 용기가 여러분 각자의 내부에서 한없이 커져나가기를 바라는 바이다! 여러분의 존재의 규칙이 하나의 독단적 교의나 사상이어서는 안될 것이다! 우리의 지도자, 그분 한 분만이 독일의 현재와 미래의 현실이며, 독일의 법률이다. 항상 보다 깊이 깨닫는 법을 배워나가야 한다. 차후 모든 일은 결단을 요구하며, 모든 행동은 책임을 요구하게 될 것이다. 히틀러 만세!"

15 철학자의
용기와 눈물

데카르트의 두개골

데카르트의 사망 후, 프랑스와 스웨덴은 그의 시신을 서로 차지하려고 다투었다. 결국 이 소중한 유해는 외국인, 고아, 어린아이를 위한 스톡홀름의 한 묘지에 안치되었다. 철학자의 두개골이 모국으로 이송된 것은 1882년이었다. 그의 두개골은 뼈를 담은 다른 상자들과 함께 자연과학사 박물관 진열장에 비치되었다. 그 시대에는 그랬다. 과학적인 측면에서 유골을 숭배했던 것이다.

19세기에는 두개골이 대단히 인기였다. 그들은 두개골의 모양과 부피, 특히 두개골의 혹에 많은 관심을 가졌으며, 골상학자들의 주장에 따르면 점자를 읽듯 손끝으로 두개골의 요철 모양을 살짝 만져보는 것만으로도 지능을 알아낼 수 있다는 것이었다. 이러한 경향은 20세기에 들어 위대한 인물들의 뇌를 공격하기에 이르렀다. 만일 데카르트가 현대를 살았더라면 그의 뇌는 아인슈타인의 뇌와 똑같은 운명, 즉 현미경으로 감식당하는 운명에 처해졌을 것이다. 오, 피질이여, 두드려라, 그러면 천재성이 나타날 것이다.

데카르트의 간에 관심을 가진 사람은 아무도 없었다. 그런데 데카르트라는 인물의 열쇠는 바로 그곳, 간에 있었다. 데카르트의 핵심은 '지능'이 아니라 '용기'에 있었기 때문이다. 고대 이래로 간은 용기, 공격성, 전투적 기질 등의 본거지라고 인식되어 왔다. 뜨거운 담즙은 '화'를 야기했다. 이러한 격심한 흥분상태는 우리 조상들에게서는 좀더 과격한 방식으로 표출되었다. 그것은 이변을 야기하여, 엽기적인 사건(하인이나 가족의 살해)을 저지르게 하거나 영웅적인 행위(적의 학살)를 낳게 하였다.

데카르트는 자칭 '간의 열'이라고 하는 이러한 힘찬 기질을 다분히 타고났다고 고백한 바 있다. 오늘날 프랑스어의 '불난 머리'라는 표현('tête brulées'는 무모한 기질을 가진 사람을 일컫는다 —옮긴이)과 맞먹는 '불난 간'이었던 것이다. 그러나 애석하도다! 그가 죽은 후에 아무도 이 유명한 간을 포르몰 병에 보관할 생각을 하지 못했다.

칸트의 말처럼 "철학은 전투장"이라면, 용기는 철학에서 가장 중요한 덕목이 될 것이다. 그런데 이 용기라는 자질이 유명한 철학자들에게 가장 공정하게 분배된 것만은 아니었으니, 헤겔이 라이벌 관계에 있던 프리스를 공격했을 때, 라이프니츠가 스피노자를 비난했을 때, 그들은 어떻게 했는가? 그들은 어떤 사람인가? 치졸함과 비겁함을 행사하는 위대한 철학자인가? 아니면, 용기와 지혜는 하나라고 하는 디오게네스의 말처럼 치졸하고 보잘것없는 철학자인가?

소크라테스를 귀감으로 인정했던 자들은 오직 플라톤 학파, 다시 말하자면 극소수의 집단이었다. 기타 고대 철학자들은 소크라테스와는 전적으로 다른 주인님을 모시고 있었으니, 바로 헤라클레스였다. 오늘날 이 이름은 근육으로 똘똘 뭉친 할리우드 영웅을 상기시키지만, 고대인들에게 그는 정신적 이상형의 상징이었다.

헤라클레스의 힘은 정신력이었다. 그는 의지의 장사였던 것이다! 이 영웅을 상상해 보면 날씬한 체격에 민첩하고 활력 있는 형상이 될 것이다. 성스러운 불길로 이글거리는 눈, 가르침이나 서적이나 학위 따위와는 무관한 지식의 소유자. 아니, 그것은 지혜가 아니라 넘치는 명민함이었다. 그는 유럽과 아시아를 횡단하며 선한 자를 돕고 악한 자를 처벌한다. 그가 이룩해 낸 대업의 목록을 한번 보시라. 더욱이 전설에 따르면, 그는 아무것도 소유하지 않았고, 땅바닥에서 잠을 잤으며, 입에서는 기근의 입김을 내쉬었고, 또 자식은 70여 명이나 두었다고 한다. 70명이라니!

그렇지만 그는 넘치는 혈기를 어느 호색가 신보다 더욱 훌륭히 자제하여 활용하였다. 화산 같지만 음탕하지 않은 헤라클레스. 어느 날 눈부시게 아름다운 아마존 여인이 그에게 유혹의 장난을 쳤다. 그는 그녀의 머리채를 낚아 쥐고 그녀를 소유했다. 헤라클레스를 상대로 이따위 장난은 치지 않아야 한다는 점을 그녀에게 충분히 이해시킬 만큼 격렬한 행위였다.

지오르다노 브루노는 또 한 명의 헤라클레스였다. 그의 방랑, 빈곤, 무사무욕, 불안정성, 활력 등은 헤라클레스의 그것과 꼭 같았다. 헤라클레스와 부르노, 이 둘은 무리 없는 지도자, 군사 없는 장군, 무(無)의 우두머리, 도시도 학파도 세우지 못하고 바람만 몰고 다닌 자, 오직 자신의 힘에만 의지하여 처음 시작했을 때와 똑같이, 야수의 무리에 홀로 포위당한 채 종말을 맞이한 자들이었다.

이글거리는 눈을 가진 바싹 마른 체구. 불은 그들 자신의 요소였다. 불에 매혹되었던 그들은 불길 속에서 죽어갔다. 헤라클레스는 피할 수 없는 자신의 종말을 깨닫자(질투심에 눈이 먼 아내가 넷소스의 독이 든 피에 남편의 튜닉을 담갔다가 그에게 입혔던 것이다) 스스로 오이테 산에 화형대를 설치하도록 하였다. 브루노는 신앙의 철회를 거부하고 로마 종교재판소의 불길 속에서 죽기를 택하였다. 일종의 태양신앙을 설파하였던 그는 베수비우스 화산 — 또 불이다 — 발치에서 출생한 인물이다.

팔레 지방 영주의 장남 피에르 아벨라르가 군대의 멜빵을 포기하고 사제의 긴 옷을 걸쳤을 때, 그는 무기를 포기한다고 생각하지 않았다. 다만 다른 무기를 선택한 것이라고 여겼다. 1100년, 21세의 나이에 파리로 올라온 그는, 파리 노트르담 성당 신학부에 튼튼한 기반을 가지고 있던 당대 최고의 신학자 기욤 드 샹포에게 도전장을 내밀었다.

아벨라르는 교수라기보다는 오히려 장군의 언어를 구사하였다. "나의 자리를 찬탈한 자를 포위하듯, 나는 도시 외곽의 생 주느비에브 산에 진을 칠 것이다." 그의 첫 공작은, 왕실 도시이기도 한 믈랑에 자리잡고 파리의 반대파 학생들을 위한 학교를 세우는 것이었다. 당시 12세기 초에는 보편자의 문제를 둘러싸고 격렬한 전쟁이 벌어지고 있었다. 보편 개념(universal)이 외부적 현실에 기반을 두고 있는가(현실론), 아니면 단지 명명된 것, 즉 언어의 산물인가(유명론) 하는 논쟁이었다. 기욤 드 샹포는 현실론을 주장했다. 이에 반해 아벨라르는 개념론이라는 제3의 이론을 펼쳤다. 젊고, 웅변적이며, 번득이는 지성과 혈기를 가진 아벨라르, 훗날 엘로이즈의 연인이 되는 아벨라르는 많은 젊은이들에게 그의 진영에 참여하고 싶은 욕망을 심어주었다.

믈랑에서 출발한 그는 코르베이까지 진격하여 군사를 모으고 생 주느비에브 산을 급습하였다. 포도밭과 농가로 덮인 산기슭에는 생 빅토르 수도원에 방어 기지를 마련한 기욤 드 샹포의 진지가 있었다. 모든 일은 검 한 자루 없이 이루어졌다! 오직 말의 힘으로! 적에게 아벨라르의 웅변은 부글거리며 끓어오르는 기름 가마니와 같은 효과를 낸 것이었다. 청중에게 큰 기쁨을 선사하며……. 아벨라르는 정복지를 인수하고 그곳에 라틴가를 건설했다. 이는 로베르 드 소르봉(현재의 소르본 대학을 창립한 파리의 부유한 상인 — 옮긴이)보다 한 세기 반 앞선 일이었다. 포도나무를 키우던 그곳에서 이제는 학생들을 육성하게 된 것이다.

파리 전투의 승리에 만족하지 못한 아벨라르는, 또 하나의 신학 스타인 안셀무스(Anselmus)를 패배시키고자 랑으로 향했다. 이미 아벨라르는 안셀무스에 대해서 "그의 정신의 불길은 집안을 밝게 비추는 대신 연기로 가득 채운다"라고 비난한 바 있었다. 급소를 치는 삼단논법 몇 개와 치명적인 몇몇 인용구로 그는 혁혁한 승리를 거두었다. 그러나 이 모든 것이 다 무용지물이 되어버렸으니, 얼마 후 그는 엘로이즈를 만나게 되었던 것이다. 그녀와의 애정행 각에서 그는 실수와 서투른 술책만을 되풀이했고, 결국 가련하게 도 전투에서 패하고 만다. 갑옷으로 무장하지 못했던 마음 때문에 정복자는 결국 정복당하고 말았다.

울보 철학자들

철학자도 눈물을 흘리는가? 플라톤은 눈물 자체와 눈물 흘리는 자들을 크게 경시하였다. "우리는 위대한 인물들의 눈물 섞인 하 소연을 모두 추출하여 평범한 여자들과 비겁한 남자들에게 던져 주어야 할 것이다."

그렇지만 울보 철학자들의 예도 상당수 알려져 있다. 데카르트 는 어린 딸이 죽었을 때 울었다.("나는 눈물과 슬픔이 단지 여자들에 게만 속한다고 생각하는 부류의 사람이 아니다.")

알랭은 책 앞에서 울었다.("책을 읽을 때면, 그 책에 대한 경탄감이

나, 적어도 몇몇 구절이 주는 감동이 번번이 눈물로 나타난다.") 어느 날
그는 누군가가 읽어주는 플라톤의 문장("종종 나는 내 자신의 몸에서
벗어남으로써 스스로를 각성하게 된다.") 앞에서 눈물을 흘렸다.

1950년대의 일이다. 가스통 바슐라르는 한 노부인의 구술시험
을 감독하게 되었다. 퇴직한 노인들을 대상으로 소르본 대학에 개
설된 특별 강좌의 수강생들을 선발하는 시험이었다. 노부인은 한
마디 말도 없이 울기만 했다. 하얀 수염의 철학자, 편지봉투를 만
져보는 것만으로 우편물의 무게를 짐작할 수 있었던 유일한 철학
자 바슐라르는 — 그는 시골에서 우체부 생활을 했다 — 함께 울기
시작했다. 침묵의 면접시험이 끝나고 나서 바슐라르는 동료 교수
장 기통(Jean Guitton)을 — 후에 이 장면에 대해 전해준 — 돌아보
며 "10.5점을 드립시다. 우리 모두는 20점 만점에 10점 정도의 가
치는 있습니다."(20점을 만점으로 하는 프랑스의 채점방식에서 10점 이
상은 합격임 –옮긴이)

라이프니츠는 스피노자를 만나려고 무던히도 애를 썼다. 그러
나 스피노자는 그를 경계하고 있었다. 외교관으로 활동하던 라이
프니츠는 유럽의 모든 궁정과 수상 관저 사람들과 친분 관계를 맺
고 있었으며, 당시에는 하노버 공작 룬네부르거 밑에서 일하고 있
었다. 두 철학자의 만남은 1676년 헤이그에서 이루어졌다.

라이프니츠는 고작 서른 살이었지만 스스로의 가치를 높이 평
가하고 있었다. 그는 명석했고 야심만만했으며 목소리 톤은 다소
고음이었다. 그는 컬이 들어간 가발을 착용했고 호사스러운 차림

을 즐겼다. 물론 헤이그에 있는 스피노자의 간소한 두 칸짜리 아파트에 들어서기 위해서는 전략상 요란한 장식의 복장을 피했다.

스피노자의 탁자 위에는 렌즈를 다듬기 위한 기구들이 놓여 있었다. 방의 유일한 사치라면 책장 안에 꽂힌 책뿐이었다. 가발을 착용하지 않은 스피노자는 검은 곱슬머리였다. 그의 눈썹은 매우 길었고, 피부는 가무잡잡했으며, 병에 시달린 두 뺨은 수척하게 패어 있었다(이듬해 그는 45세의 나이에 결핵으로 사망한다).

두 철학자는 라틴어로 대화를 나누었다. 라이프니츠는 이미 전부터 많은 이야기를 들어왔던 폭탄 같은 책, 출판되기 전부터 치욕으로 낙인찍힌 『윤리학』의 자필 원고를 보고 싶어했다. 스피노자는 원고를 서랍 깊숙이 소중하게 간직하고 있었다. 손님을 위해 기꺼이 몇 구절을 읽어주는 것까지는 할 수 있었지만, 원고를 빌려준다는 것은 생각할 수도 없는 일이었다.

스피노자의 현명한 처사였다. 몇 년 후 스피노자의 '악마적' 명성이 널리 퍼졌을 때, 라이프니츠는 지난날 그와의 만남에 대해 언급하면서 그것은 지극히 사소한 만남이었다고 밝혔다. 저녁식사 후에 딱 한 번 그를 만난 적이 있을 뿐이며, 그때 그들은 배와 치즈를 먹으면서 렌즈에 대한 이야기나 기타 이런저런 한담을 주고받았을 뿐이라고 주장했다.

한편 스피노자에게 보낸 한 서신에서 그는, 그들의 관계가 세상에 알려지는 것을 피하기 위해 중간에 다른 사람을 통해서 답장을 보내달라고 하면서, "스피노자는 발군의 철학자이며 매우 중요한 인물"이라고 평가하였고, 그의 판단은 "뛰어난 통찰력"을 가지고 있다고 했다. 또 자신은 그의 "변함없는 추종자"라고 말했다. 그러나 다른 사람들과의 대화에서는 스피노자를 두고 "심각하게 수렁으로 추락해 버린 사람"이라고 하면서 그의 저서는 "끔찍한" 책이라고 했다.

라이프니츠의 이중적 성격은 『리바이어던』의 저자인 영국 철학자 홉스에 대해서도 그대로 드러난다. 1670년부터 라이프니츠는 홉스에게 대대적인 찬사를 담은 서신을 보냈다. 그런 한편 다른 사람들과의 서신에서 그는 "괴물 같은" 『리바이어던』에 대해서 분개하는 글을 써보냈다.

라이프니츠, 그는 용기와 지조의 표본이다.

데카르트가 페롱 ― 푸아투 지방의 소유지의 이름으로부터 ― 의 기사를 자처했을 때, 그는 신사의 복장, 즉 군복을 갖추어 입었었다. 넓은 모자에 깃털장식을 꽂았으며, 명주로 만든 휘장에 검을 매달고, 저고리에는 당시 크게 유행하던 녹색 호박단 장식을 넣었다. 군인답고 우아한 모습이었다. 그후 세월은 흘렀고 간은 식어갔다. 페롱의 기사는 르네 데카르트가 되었다. 이제 그는 검을 내려놓고 자신이 '비겁한' 직업이라고 부르는 일을 해나갔다. 복장도 물론 바뀌어 마차와 전차를 떠난 지금 그는 검은색 옷을 차려입었다. 방랑하던 기사는 중상류 계층의 정착민으로 변모한 것이었다. 때는 17세기 중엽이었다.

칸트는 검을 지니고 다닌 마지막 철학자였다. 어느 날 그가 미국혁명을 지지하는 발언을 하고 있었는데, 쾨니히스베르크에 여행 중이던 한 영국인이 이에 모욕감을 느끼고 결투를 신청했다. 그러나 칸트는 허리춤에서 무기를 꺼내지 않았다. 사실 그는 무기를 쓸 줄 몰랐다. 결국 두 신사는 허심탄회하게 토론을 풀어나가는 것으로 사건을 해결했다.

오늘날 프랑스 한림원 회원들은 쌍각이 달린 모자와 검을 고수하고 있다. 어떤 적과의 어떤 전투를 대비하는 것인지는 알 길이 없다. 그러나 이는 문인들이 전투적 기질을 가지고 있었던 옛 시대로부터 물려받은 감동적인 유산이다.

하이데거 총장의 군대식 어투와 행동거지는 그의 과거를 알고 있는 사람들에게 많은 웃음거리를 제공했다. 그는 군역을 전혀 치르지 않았기 때문이었다. 1차대전 때에도 그는 무기를 들지 않았다. 베르덩에서 대대적인 전투가 발발했을 때 그는 전장에 있었다고 주장해 왔지만 사실은 기상학자로서 아르덴 지방에 파견되었을 뿐 포화는 듣지도 보지도 못했다. 대전이 종식될 무렵, 그는 본국으로 호송되어 신학생으로서 프리부르크의 우체국에 배치되었다. 그의 업무 부서는 우편물 검열부였다.

쇼펜하우어는 병에 감염될까봐 전전긍긍했다. 식당이나 호텔에 출입할 때면 항상 자기 컵을 들고 다녔다. 화재에 대한 두려움 때문에 항상 2층 이하의 방에서만 잠을 잤다. 상해에 대한 두려움 때문에 손닿는 곳에 항상 장전된 권총을 놓고 잠을 잤다. 이발소에 갈 때면 이발사가 목을 자르지나 않을까 하는 두려움으로 벌벌 떨었다. 베를린에서는 결핵을 두려워했다. 나폴리에서는 천연두 때문에 몸을 떨었고, 베로나에서는 코담배를 경계했다.

사적인 비밀이 누설될까 두려워서 개인적인 서류는 모두 감추었다. 누군가 그의 재산 상태를 알아낼까봐 모든 회계장부를 라틴어와 그리스어로 작성했다. 그는 또 생매장될까봐 두려워했다. 1860년 72세의 나이로 임종을 맞이했을 때 그는 이렇게 외쳤다 "자, 그런 대로 잘 빠져나오지 않았는가!"

니체, 미쳐 죽다

사상가에게 죽음은 작업의 일부이다. 그것은 그가 남기는 마지막 저서의 마지막 장이 될 것이다. 따라서 임종의 순간을 망치거나, 그의 죽음을 관심 있게 지켜보는 우리를 실망시켜서는 안된다. 죽어가는 철학자로부터 우리가 바라는 것은 어떤 스타일 또는 어떤 고귀함이다. 한 걸음 더 나아가, 마지막 순간에 철학자가 재치를 과시할 기분이 약간이나마 남아 있다면, 픽하고 쓰러지기 전에 후대에 선사해 줄 근사한 한마디 말까지도 우리는 기대해 본다.

1889년 1월 8일 토리노에서 니체는 채찍질을 당하는 말의 목에 매달리며 울었다. 행인들이 그를 집까지 데려다주었다. 평소 지극히 단정했던 이 독일 교수가 얼마 전부터 이상한 행동을 보이기 시작했다.

혼자서 웃기도 했으며 길거리에서 춤을 추기도 했다. 또 자신을 "십자가에 못 박힌 자", "디오니소스", "악마", "황제의 아들"이라고 자처하기도 했다. 때로는 자기 방에 틀어박혀서 피아노 건반을 마구 두드리면서 소리소리 질러댔다.

의사 한 명이 그를 진정시킬 수 있는 방법을 찾아냈다. 의사는 니체에게 당신의 말이 옳으며, 실제로 당신은 왕자이고, 당신을 찬미하는 많은 백성들이 바젤 역에서 당신을 기다리고 있으니, 이제는 그들의 환호에 답하기 위해 떠나야 한다고 말했던 것이다. 니체는 몹시 기뻤다. 이제야 자기를 이해하는 사람이 나타난 것이다! 그는 토리노를 떠나겠다고 동의하고, 차분하게 바젤 행 열차에 올랐다.

예나 병원에 입원한 니체는 여자들을 불러달라고 요청하였다. 한술 더 떠서 자기가 코지마 바그너(독일의 음악가 바그너의 아내 – 옮긴이)의 남편이라고 주장하기도 했다. 실제로 그는 바그너의 아내를 남몰래 사모해 왔었다. 그의 감정은 화산처럼 폭발했다.

그러다가 상태가 다소 호전되었다. 주변 사람들에게 병이 차츰 나아가고 있다는 느낌을 줄 정도로 그의 행동은 '정상적'으로 되돌아오고 있었다. 다시 말하자면, 어머니와 함께 긴 산책을 하고, 살롱에서 피아노를 연주하거나 즉흥곡을 만들어내는 등 독일의 전형적인 중상류 계층의 행동 양식으로 변해갔다. 효자, 선한 시민…… 더 이상 그는 초인, 가치의 전복, 영원한 귀환 등에 대해서 언급하지 않았다. 그 몸살 같은 철학을 드디어 벗어던진 것이다.

그리고는 병이 재발하여 완전한 정신착란에 빠지기 전까지 10년이라는 긴 시간 동안 그는 서서히 나락으로 떨어졌다. 어머니와 여동생이 그를 간호하였다.

때로 그는 책을 들고 독서를 시도하기도 했다. 그러나 그의 목소리는 개 짖는 소리와도 같았고 귀가 찢어질 듯한 굉음이었다. 그는 첫 장의 쪽 수와 첫 줄을 읽고 나서, 다음 쪽으로 넘어가 똑같이 반복하고, 또 다음 쪽으로 넘어갔다.

니체는 1900년 8월 25일, 56세를 일기로 세상을 떠났다. 종교의식에 입각한 장례식, 학술적인 추도문, 각계 인사들의 조사(弔辭) 등은 살아생전 그의 신념과는 전적으로 상반되는 것이었다.

그의 병은 무엇이었는가? 이에 대한 진단은 오늘날까지 수수께끼로 남아 있다. 매독 감염설을 일축하기 위해서 여동생 엘리자베스 푀르스터는 수면제인 '자바산 진정제' 등등을 주워섬겼다.

사후 처리는 그녀가 도맡아 처리하였다. 니체의 문서를 정리하는 과정에서 그녀는 니체가 결코 쓰지 않은 책(『권력에의 의지』)을 출판하게 하였고, 이 책은 당시 나치주의에 이론적 바탕을 주었다. 세상에 겁나는 게 없고 집요한 성격의 소유자였던 그녀는 기막히게 효과적으로 사업을 전개하였다.

니체의 책은 불티나게 팔려나가서 저작권료만으로도 엘리자베스는 엄청난 부를 쌓을 수 있었다. 일전의 토리노 사건 이후 니체의 명성은 더욱 높아져 있었던 것이다. 마치 광기가 성공의 도래를 알리는 신호라도 된 듯했다. 순식간에 유럽 전체는 그의 책을 사지 못해서 안달이 났다. 시체나 잡아먹는 괴물 같은 군중이여! 훌륭한 철학자는 죽은 철학자이다. 게다가 미치기까지 했다니, 그는 더더욱 천재적인 철학자였다.

니체의 정신착란 기간 중 엘리자베스는 바이마르의 호화로운 저택에서 독일의 내로라 하는 지식인들을 맞이하였다. 그 가운데 선택받은 몇몇 인사들은 위층으로 올라갈 수 있는 특권을 부여받았다. 거기서 그들은 아무도 알아보지 못하는 철학자가 흰옷을 걸치고 멍한 시선으로 안락의자에 깊숙이 파묻혀 앉아 있는 모습을 잠시나마 엿볼 수 있었다.

니체가 사망하고 오랜 세월이 흐른 뒤 1934년의 어느 화창한 날, 히틀러가 대대적인 수행원을 이끌고 몸소 바이마르의 저택으로 왕림하였다. 엘리자베스에게 있어서는 최상의 보답이었다. 히틀러, 그는 오라버니 다음으로 그녀가 가장 숭배하던 인물이었다.

데카르트, 추위를 먹다

데카르트는 1650년 2월 11일 스톡홀름에서 얼어죽었다. 그해 겨울은 유난히 혹독했다. 발트해는 얼어붙었고 항로도 꽁꽁 묶였다. 봄이 오기 전에 스웨덴을 떠난다는 것은 불가능했다. 데카르트는 발이 묶여버렸다. 기후 때문에 갇혀버린 그는 무료했고 추위에 벌벌 떨었다.

친구에게 보낸 한 서신에서 그는 "이곳에서는 인간의 사고도 물처럼 얼어버린다"라고 썼다. 그는 스웨덴 크리스티나 여왕의 초대라는 덫에 덜컥 걸려든 것이었다. 문인들을 탐식하는 식인거인 크리스티나 여왕은 새벽 5시에 그를 불러내서 철학수업을 요구하곤 했다. 항상 늦잠을 자는 버릇을 가지고 있던 데카르트는 과로에 시달리다가 그만 추위를 '먹어버렸다'.

북쪽 지방의 안개를 좋아했던 데카르트, 그래서 네덜란드에 정착했던 데카르트, 젊은 시절에는 군인으로 중앙 유럽에서 긴긴 겨울을 이겨냈던 데카르트, 이탈리아의 태양과 더위를 싫어했던 데카르트, 그런 그가 이제는 추위에 시달리다가 폐병 때문에(그는 태어날 때부터 폐가 약한 약골이었다) 죽게 된 것이다. 우리의 철새는 얼음 속에 갇혀버렸다. 위대한 생애에 비해서 너무도 초라한 죽음이었다.

크리스티나 여왕은 데카르트를 스톡홀름으로 불러들이기 위해서 해군제독이 지휘하는 함대를 네덜란드로 파견하였다. 수년 전부터 데카르트는 스웨덴 여왕의 초대를 못들은 척하며 머뭇거려왔기 때문에 이번에는 대대적인 수단이 동원되었던 것이다. 때는 1649년 여름, 그것은 초대가 아니었다. 차라리 징집이었다. 철학자를 데려오라고 제독을 보내다니! 이번에도 거절을 한다면 외교적으로 심각한 사태가 발생할 것이었다.

그해 8월 31일 데카르트는 내키지 않는 마음으로 배에 올랐다.

일개 페롱의 기사가 어찌 강대한 왕국인 스웨덴의 여왕에 맞설 수 있겠는가. 그리하여 데카르트는 궁정인의 차림으로 스톡홀름에 나타난다. 항상 시를 사랑해 왔던 그는 발레 극본을 써서 크리스티나 여왕에게 헌정하였다.

얼마 지나지 않아 여왕은, 프랑스 한림원을 본딴 스웨덴 한림원의 건립을 위해서 그에게 초안을 부탁한다. 그곳에서 데카르트는 행동의 자유가 없었다. 그는 지나친 무위도식이 자신을 몹시 피곤하게 한다고 고백하였다. 아무 일도 하지 않는 데에서 오는 피로, 이름하여 우울증이라 부르는…….

추위를 먹은 그는 병상에 누워 끓는 열에 시달리면서도, 지난 40년간 그래왔듯이 피를 뽑는 것만은 거부했다. 인간의 육신, 그것은 그가 일생 동안 연구해 온 주제였다. 그리고 이에 대해 나름대로 생각을 가지고 있었다. 아직 기력이 남아 있는 한은 의과대학을 필요로 하지 않았다.

병상에 누운 지 7일째, 이제 더 이상 아무것도 손해볼 것이 없다는 사실을 깨달은 데카르트는 고집을 접고 외과의사를 불러 피를 뽑도록 하였다. 그리고 병상에 누운 지 11일 만에 죽었다.

칸트, 시간 맞춰 죽다

칸트는 80살까지 살았다. 자기 또래의 사람들이 하나씩 죽어가는 것을 지켜보겠다던 소정의 목표를 결국 달성한 것이었다. 그는 자신이 최후의 생존자로 남겠다는 희망을 공공연히 밝힌 바 있으며 기록으로도 남겼다. 사정이 이러했던 고로, 칸트가 나이를 먹어갈수록 주변 사람들은 스포츠의 최고 기록을 주시하는 군중처럼 그의 건강 상태를 흥미롭게 주시했다.

그의 마지막 나날들은 세밀하게 기록되어 있다. 영웅적 행위의 애호가들에게는 안된 일이지만, 칸트는 늙어가면서 제정신을 잃고 헛소리를 하는 등, 여느 노인네의 노쇠 과정과 하등 다를 바가 없었다. 모두들 또 한 명의 소크라테스를 기다렸지만 단지 노망든 노인 한 명을 만날 수 있을 뿐이었다.

1801년 칸트는 스스로 일생일대의 역작이라고 하는 저서에 착수한다. 그것은 주석으로 이루어진 책이었다. 그런데 "세계의 소유자로서의 신, 세계, 그리고 나"라는 문장 다음에는 "수요일 : 완두콩을 곁들인 돼지고기, 목요일 : 푸딩과 말린 과일, 그리고 니콜로비우스 상회의 괴팅겐 소시지"라는 문장이 이어져 나온다. 또 키스베터라는 이름의 수신인에게 보낸 그의 마지막 서신은 사탕무에 대한 이야기로만 가득 차 있다.

1804년 2월 12일 칸트는 자신이 살아온 것처럼 죽었다. 시간을 정확히 지켜서 말이다. 그의 임종을 지켜본 한 사람의 증언에 따르면, 철학자의 맥박이 멈추었을 때 벽시계가 11시를 울렸다고 한다.

소크라테스, 마지막 특권을 거부하다

감옥에 수감된 소크라테스의 주위에 열다섯 명 가량의 친구들이 모여들었다. 사형선고를 받은 그는 친구들에게 마지막 작별을 고하고 있었다. 이때 절망에 빠진 아내 크산티페가 도착한다. 아내가 울고불고 하면서 지나치게 시끄럽게 군다는 이유로 ― 그의 아내는 지중해 식으로 울었던 것이다. 즉 고래고래 소리지르고 훌쩍거리며 양팔을 쳐들고 타령을 늘어놓는 등 ― 플라톤에 의하면 "가장 뛰어난 인간"이라고 하는 현자 소크라테스는 일말의 애정 표현도 없이, 따뜻한 말 한 마디 없이, 눈물 한 방울 흘리지 않고 매정하게 아내를 쫓아낸다. 그리하여 그는 총각생활 청산의식처럼 남자들 사이에서 죽게 된다.

히메토스 산 뒤로 해가 넘어가자 전령이 독약을 들고 도착한다. 전령은 관례대로 사형수에게 효과적으로 죽을 수 있는 방법을 일러준다. 독당근즙을 마신 후, 다리가 무겁게 느껴질 때까지 방안을 걷는다. 그리고는 자리에 누워서 독 기운이 퍼지기를 기다린다. 독당근은 독약인 동시에 진정제이기도 하므로 그는 달콤한 죽음을 맞게 될 것이다 등등…….

아테네의 관례에 따르면, 사형수는 약사발을 비우기 전에 마지막으로 육체의 쾌락을 맛볼 권리가 있었다. 그러나 소크라테스는 이 최후의 특권마저 거부하였다. 그는 독약을 마시고 죽었으며, 그의 친구들은 눈물을 흘렸다.

아테네 시로부터 "젊은이들을 타락시키고 외래 신들을 추종한다"는 죄목으로 사형선고를 받은 소크라테스는, 자신을 부당하다고 판단한 법원의 판결을 받아들인다. 그는 조용히, 차분하게 죽었다. 경탄할 만한 죽음이라고? 아니다! 그것은 소크라테스의 마지막 순간을 지켜보지도 않았던 플라톤이 사람들을 현혹시키기 위해 지어낸 이미지일 뿐이다. 젊은 세대와 순박한 사람들의 경탄을 불러일으키기 위해 만들어낸 이야기일 뿐이다.

소크라테스가 아내를 부르지 않았으며, 그녀와의 동침을 원하지도 않았고, 예쁘장하게 포동포동 살이 오른 매춘부나 날씬한 미소년을 청하지 않았다고 어느 누가 장담할 수 있는가? 이 최후의 특권을 소크라테스는 진정 원치 않았을까? 늙은 올리브나무처럼……. "철학은 죽음을 배우는 것이다"라고 말했던 소크라테스 자신은, 말하자면 죽는 방법을 몰랐다는 말인가.

프랑스의 고등학교 철학 수업은 대개 소크라테스의 공식적인 죽음으로 시작한다. 시체에서 시작하다니! 참으로 놀라운 입문이 아닌가! 즐거운 개학이여!

세네카, 뜻대로 죽지 못하다

네로 황제는 세네카가 역모에 가담했다고 굳게 믿었다. 세네카는 황제로부터 자살하라는 명을 받았다. 살아생전에 온갖 정치적 조작을 식은 죽 먹듯이 했던 이 엄청난 갑부 철학자는 마음먹은 대로 죽는 일에는 어지간히 애를 먹었다. 그는 성공적인 죽음, 훌륭한 철학자의 죽음, 그럴듯한 소품에, 대화까지 있는 죽음을 원했다. 소크라테스 식으로 죽는 것이 아니라면 아예 죽음도 아니다! 그러나 그의 연출은 실패하고 말았다. 그에게는 뛰어난 무대감독이 없었던 것이다.

일단 소품을 보자. 세네카는 급히 자살해야 할 경우를 대비하여 자택 창고에 일종의 응급상자라고 할 수 있는 독약 병을 보관해 두고 있었다. 그것은 당연히 그리스의 독약, 소크라테스의 독약이었던 독당근이었다. 자살을 집행하는 네로의 전령이 도착하자, 세네카는 미리 준비해 둔 시나리오에 따라 즉시 연출을 시작한다.

그는 친지들과 더불어 대화를 나눈 후 주인공 역할에 보다 완벽하게 동화하기 위하여, 영혼의 불멸을 설명한 플라톤의『파이돈』의 구절을 낭송하게 한다. 그리고는 이 장엄한 장면의 피날레를 장식하기 위해 죽음의 잔을 가져오게 한다. 그런데 그는 어지간히 운도 없었다. 너무나 오랫동안 창고에서 기다려 온 독당근은 이미 김이 빠져버렸던 것이다. 그리하여 세네카는 독극물 자살에 성공하지 못했다.

그러자 그는 자리에 있던 사람들에게 동맥을 끊어달라고 요청한다. 남편을 끝까지 따르고자 했던 그의 아내도 같은 부탁을 한다. 그런데 그녀는 진정 남편과 함께 죽기를 원했을까? 아니면 사람들이 그녀의 손목을 다소 힘주어 이끌었기 때문일까? 어쨌든 문

제는 피가 충분히 빨리 흘러주지 않고, 닥쳐야 할 죽음이 금방 와
주지 않는다는 것이었다.

세네카의 경우도, 아내의 경우도 마찬가지였다. 불쌍한 아내는
고통받으며 신음한다. 여전히 소크라테스다운 자태를 고수하고자
하는 세네카는, 철학자의 아내 자격이 없는 그 여자를 데리고 나가
라고 요구한다. 그리고는 임기응변을 발휘하여 심장마비를 일으
킬 수 있도록 펄펄 끓는 한증실로 데려가 달라고 부탁한다.

드디어 그곳에서 그는 죽음이 다가오는 것을 느낀다. 그런데 끝
까지 박복했던 세네카는 ― 정말이지, 자살을 기도하지 않는 편이
나은 날이 있다 ― 최후의 명성 확립이라는 영광은 누릴 수 없었
다. 그의 마지막 말은 후세에 전해지지 않았던 것이다. 물론 그는
증인들 앞에서 또박또박 말을 했다. 그런데 이 내용을 기록한 서
판이 분실되어 그가 마지막으로 남긴 명언은 결국 망각 속으로 묻
혀버리고 말았다.

헤라클레이토스, 쇠똥에 갇히다

그리스의 헤라클레이토스는 높은 자부심과 타인에 대한 경멸로
잘 알려진 인물이다. 그는 성공과 대중을 경계하였다. 소수 정예
만이 자신의 철학을 이해할 수 있도록 그는 고의적으로 난해한 잠
언들을 남겼다. 예를 들어 "시간은 놀이를 하면서 졸을 밀어내는

어린아이다"를 보라.

'난해한 자'(사람들이 그에게 붙여준 별명이다)가 병으로 쓰러졌다. 그가 살던 그리스 도시 에페소스의 의사들은 수종(水腫)이라고 진단했다. 헤라클레이토스는 의사들에게 배를 눌러서 물을 뽑아낼 수 있겠느냐고 물었지만 그들의 대답은 부정적이었다. 그러나 '난해한 자'는 옹고집이었다. 그는 의사들의 처방을 믿지 않았다. 나름대로의 생각이 있었던 것이다.

그는 햇빛 아래 누운 다음 동네 아이들에게 자기 몸 전체에 쇠똥을 바르도록 하였다. 쇠똥이 몸 안의 물을 해면처럼 빨아들일 것이라고 생각했던 것이다. 그리하여 순진무구한 아이들의 손에 의해 염습을 마친 그는 이틀간 쇠똥 껍질 속에 누워 있다가 죽었다.

검시관들을 황당하게 만들 법한 이 불결한 사망에 대해서 그리스의 네안테스(Néanthès)라는 인물이 약간의 설명을 제공한다. 헤라클레이토스는 쇠똥을 떨어버리고자 했으나 성공하지 못했다. 말라붙은 쇠똥은 그의 몸을 완전히 가두었던 것이다. 신선한 살코기 냄새를 풍기는 이 희한한 미라 주위로 개들이 몰려들어 그의 몸을 물어뜯었다는 설명이다.

브루노, 화형당하다

1592년 5월, 환속한 도미니크회 수도사 지오르다노 브루노는 베니스의 납의 감옥(베니스 공작의 성에서 가장 높은 층에 있는 중죄인 감옥. 지붕이 납으로 되어 있다는 데에서 유래한 명칭 – 옮긴이)에 투옥되었다. 바티칸이 인정하지 않는 '이집트 종교'를 유럽 전역의 왕과 왕실에 퍼뜨리고 다니던 그는 드디어 종교재판소의 특별 감옥에 갇히고 만 것이다. 그는 8년 동안 감옥 생활을 하게 된다.

사형을 집행하기까지 왜 그렇게 오랜 시간이 걸렸을까? 그것은 로베르토 벨라르미노 추기경이 브루노로부터 공식적인 포기를 얻어내고자 했기 때문이었다. 처형, 그것은 간단하다. 그러나 자아비판을 얻어낸다는 것은 더욱 근사하다. 교황청은 그를 화형에 처하겠다고 위협하고 있었다. 그러나 사정이 그러했기 때문에 재판 중에 스스로 화형대에 뛰어드는 브루노를 필사적으로 붙들어 떼어내는 웃지 못할 광경이 벌어지게 되었다! 그의 사건을 전담하는 업무반까지 따로 둘 정도였다.

4개 교단을 대표하는 7명의 사제가 브루노에게 달라붙어서 '아담 이전의 인간'을 믿는다는 고백을 받아내려고 무던히도 애를 썼다. 그들은 예수가 못 박힌 십자가의 진정한 형태가 교수대처럼 T자형인가, 아니면 이집트 십자가처럼 사방의 길이가 동일한가에 대해 질문했다.

오늘날 브루노의 철학을 이야기할 때 가장 중요하게 거론되는 것은 세계의 무한성에 대한 이론이다. 그러나 재판 당시 이 이론은 여덟 가지 죄목 가운데 하나에 지나지 않았다. 브루노를 현대 과학의 순교자로 승화시키고자 후대에 만들어진 전설과는 반대

로, 세계의 무한성 이론은 그의 유일한 죄목도, 가장 중대한 죄목
도 아니었다.

어쨌든 그는 교리를 향해 똑바로 난 길을 걷도록 강요당했다.
그들은 브루노에게 종이와 펜, 그리고 안경까지 가져다주었다. 결
국 이 나폴리 사람은(그는 베수비우스 화산 기슭에 위치한 '놀라'에서
태어났다) 철회서를 작성하게 되지만 곧 이 철회서를 철회한다. 이
에 종교재판소는 그가 "집요하며 회개할 줄 모르고 끈질기다"고
선언하였다. 말하자면 사형선고였다.

교황 즉위 50년 기념 축제행사에 브루노의 처형이 예정되었다.
클레망 3세는 성공적인 무대연출을 명령했다. 대단한 구경거리였
다! 핏빛의 불꽃이 이글거리는 특수효과까지 동원되었다! 1600년
2월 17일 브루노는 로마의 꽃의 광장 한복판에서 나신으로 화형대
에 한 쪽 발이 묶인 채 화형당했다. 화형이 집행되는 동안 성 요한
회 수사들은 그의 영혼의 구원을 빌며 쉬지 않고 기도문을 외우고
있었다.

라 메트리, 소화불량으로 죽다

라 메트리의 본명은 줄리앙 오프레 드 라 메트리였다. 그는 자
살 같은 것을 할 위인이 절대 아니었다. 그는 프레데릭 2세의 식탁
에 차려진 상한 고기를 먹은 후 소화불량 증세로 1751년 11월 11

일 돌아가셨다. 죽기 전까지 그는 뛰어난 기지와 쾌활한 성격으로 왕의 총애를 받았고, 왕은 왕실 식탁에 그를 즐겨 초대하곤 했다.

그는 한때 프랑스 의사들을 비판하여 물의를 일으키고 베를린으로 도피하기도 하였다. 그러니 그가 죽었다는 소식을 듣고 적들이 얼마나 통쾌한 승리감을 느꼈을지 상상할 수 있을 것이다. 고집스러운 물질주의자의 머리 위에 떨어진 신의 정당한 분노는, 그가 죄를 범했던 바로 그곳을 통해서 벌을 내렸다. 입을 통해서 말이다! 애식가, 수다쟁이, 식탐에다 신을 모독하기까지 했으니…….

그런데 신기한 것은 그때 상한 고기를 먹고 죽은 사람은 라 메트리뿐이었다는 사실이다. 여하간에 인간의 육체를 감히 하나의 기계처럼 인식하려고 했던 그는 — 그의 가장 유명한 저서는 『인간기계론』이다 — 이처럼 완벽한 기계구조가 어느 날 결정적인 한 점의 고기 조각 때문에 막혀버릴 수 있다는 사실을 예상하지 못했다.

줄 레스키에, 파도 속으로

줄 레스키에는 잊혀진 철학자이다. 소크라테스의 죽음보다야 덜 유명하지만, 레스키에의 죽음은 자신의 이름을 철학사에 길이 보전시킬 만한 가치를 지닌다. 1862년 2월 11일, 브루타뉴 지방 플레렝의 해변에서 그는 차곡차곡 접은 옷가지를 모래사장 위에 올려놓았다.

그가 한겨울에 해변에 나가서 옷을 벗고 모래톱에 웅크리고 앉아 있다가 얼어붙은 물로 웃통을 적시는 일은 이전에도 가끔 있었다. 그것은 '가슴의 열기'를 진정시키기 위한 것이라고 그는 말하곤 했다.

레스키에는 매우 불행했다. 모든 방면에서 실패만을 거듭했다. 폴리테크니크(프랑스 최고의 이공계 전문학교 – 옮긴이) 재학 시절, 공화주의적인 성향을 가졌다는 이유로 그는 졸업시험 자격을 박탈당했다. 1848년에는 국회의원 선거에서 참패하였으며, 그가 쓴 몇 권의 책은 전혀 팔리지 않았다. 게다가 애정 문제마저도 실패했다. 어린 시절 친구인 안 데질르는 그의 구혼을 여전히 거부하고 있었다. 그는 플레렝에 있는 집에서 철학을 벗삼아 고독 속에 침잠했다.

그런데 그날 1862년 2월 11일, 굳은 땅위에 벌거벗고 서 있는 대신 그는 물 속으로 뛰어들었다. 수영을 곧잘 했던 그는 순식간에 파도 사이의 검은 점으로 변했다. 그리고는 사라졌다. 그날 저녁 썰물이 씻겨간 뒤 사람들이 그의 시신을 발견했다.

디드로, 죽어도 개종은 없다

생 쉴피스 성당의 테르삭 사제는 디드로의 죽음을 손꼽아 고대하고 있었다. 그는 길 잃은 이 어린양이 — 게다가 보통 어린양이 아니지 않은가. 이 어린양은 철학의 한 학파를 대표하는 인물이 아니던가! ― 증인들이 보는 앞에서 종교로의 귀환, 기독교인으로서의 최후, 절절한 참회 등을 천명하기를 고대했다.

71세의 디드로가 쇠약해지고 있다는 소식을 들은 사제는 병자의 주위를 맴돌기 시작했다. 그는 은근히 개종을 권했고, 죽어도 개종을 받아들일 수 없다면 적어도 반종교적 작품들을 철회할 것을 요청했다. 디드로의 아내 투아네트와 딸 앙젤리크는 아슬아슬한 이 상황을 지켜보며 위험을 감지했다. 마침내 모녀는 타란가(街)에서 벗어나 리슐리외가(街)로 이사를 단행했다.

동네를 바꾼다는 것은 교구를 바꾼다는 것을 의미했다. 즉 테르삭 사제의 손아귀에서 벗어난다는 것을 의미하는 것이다. 그러나 또 한편으로 이는, 기독교인으로서의 장례를 원한다는 철학자의 교묘한 고백이기도 했다. 테르삭 사제의 권고 아닌 권고는 사실 끔찍한 위협이었다. 그것은 성당에 묻히지 못한다는 것, 극빈자들의 묘지에 버려진다는 것을 의미했다. 말하자면 개 같은 죽음이었다. 그러니 서둘러 리슐리외가로 이사를 해야 했다.

디드로는 1784년 7월 31일 정오경에 식탁에서 사망했다. 죽음의 침상도 아니었고, 사제도 없었으며, 물론 개종도 없었다.

테르삭 사제보다 이해심이 많았던 생 로쉬 교구의 주임사제는 유족에게 기독교식 장례를 허가하였다. 디드로의 딸이 1,500파운드를 지불했다는 것은 사실이다. 엄청난 액수였다. 그 돈이 아니었다면 디드로는 마을 웅덩이에 매장되었을지도 모른다.

몽테스키외, 힘에 굴복하다

몽테스키외 남작이자 브레드의 남작이며 레이몽, 구달, 비스케이탕 등지의 영주였던 샤를 스공다는 1755년 2월 10일 완벽한 기독교인으로서 사망했다. 아니, 아마도 그랬을 것이다. 사실 몽테스키외의 임종을 지켜본 사람들의 증언은 서로 일치하지 않는다.

몽테스키외의 친구이자 이탈리아 사제인 구아스코 신부는, 예수회 수사들이 몽테스키외로부터 일부 저서의 철회를 얻어내고자, 파렴치하게도 그의 병상을(폐병에 걸린) 포위했다고 주장한다. 문제는 바로 거기에 있다. 몽테스키외가 교회에 대한 비판적 저술(『법의 정신』은 금서 목록에 들어 있었다)을 철회하였는가? 친지들이 손에 땀을 쥐고 주시하는 가운데 죽음의 병상에서 마지막 전투가 개시되었다.

해답부터 말하자면, 몽테스키외는 디드로처럼 죽지 않았다고 한다. 륀 공작의 증언에 따르면, 몽테스키외는 신실하게 고백성사를 하였고, 영성체를 받았으며, 기독교와 복음의 정신을 존중한다고(그의 저서 가운데 비난받을 만한 부분을 들추어내면 그는 즉시 그 내용을 철회하였다) 공개적으로 표명했다고 한다. 그러니 '철학자' 친구들이 걱정했을 만도 하다. 역시 가장 힘센 자들은 예수회 수사들이었다.

주요 등장 철학자 소개

니체 Friedrich Wilhelm Nietzsche, 1844~1900

독일의 시인이자 철학자. 레켄 출생. 키에르케고르와 함께 실존주
의의 선구자로 불린다. 본 대학에서 고전문헌학에 몰두하였고, 다음
해 라이프치히 대학으로 옮겼다. 이곳에서 쇼펜하우어와 바그너의
영향을 받았으며, 그후 스위스의 바젤대학 고전문헌학 교수가 되었
다. 1888년 말경부터 정신이상 증세를 나타내기 시작한 그는 다음
해 1월 토리노의 광장에서 졸도하였고 그 이후 정신착란 증세를 보
이다가 바이마르에서 사망했다. 처녀작 『비극의 탄생』을 발표한 이
후 『반시대적 고찰』 『인간적인, 너무나 인간적인』, 『차라투스트라
는 이렇게 말했다』, 『권력에의 의지』 등의 저서를 남겼다.

데카르트 René Descartes, 1596~1650

"근대철학의 아버지"로 불리는 프랑스의 철학자, 물리학자. 근세
사상의 기본 틀을 처음으로 확립함으로써 근대철학의 시조로 일컬

어진다. 프랑스 중부의 관료귀족 집안 출신으로 10세 때 예수회의 라 플레슈 학원에 입학하여 프랑수아 베롱에게 철학을 배웠으며, 1616년 푸아티에 대학에서 법학을 공부했다. 스웨덴의 크리스티나 여왕으로부터 초청을 받아 1649년 가을 스톡홀름으로 가서 지내던 중 폐렴에 걸려 생애를 마쳤다. 주요 저서로 『우주론』, 『방법서설』, 『성찰록』 등이 있다.

디드로 Denis Diderot, 1713~1784

프랑스의 철학자, 문학자. 18세기 프랑스의 대표적인 계몽주의 사상가이다. 파리 대학교에서 인문학, 철학을 전공했으며, 1745년경부터 철학적인 저서를 쓰기 시작했다. 회의사상(懷疑思想)에서 출발했으나 샤프츠베리의 영향을 받아 계시(啓示)를 인정하는 이신론(理神論)으로 옮겼으며, 『맹인서간』에서는 무신론의 경향을 짙게 나타냈다. 또한 디드로는 『백과전서』 편집자로 생애의 대부분을 이 사업에 바쳤다. 그 밖에도 『달랑베르의 꿈』, 『회화론』 등의 많은 저서를 남겼다.

디오게네스 Diogenes, BC 400~BC 323

그리스의 키니코스 학파의 대표적 철학자. 시노페의 디오게네스라고도 한다. 가짜 돈을 만들었다는 죄목으로 고향인 시노페에서 쫓겨나 아테네에 와서 안티스테네스의 제자가 되었다고 한다. 행복이란 인간의 자연스런 욕구를 가장 쉬운 방법으로 만족시키는 것이며, 자연스러운 것은 부끄러울 것이 없으므로 감출 필요가 없다고 역설하면서, 몸소 가난하지만 부끄럽지 않은 자족(自足) 생활을 실천하였다. 『저명한 철학자들의 생애』라는 책을 썼다.

라이프니츠 Gottfried Wilhelm von Leibniz, 1646~1716

독일의 철학자, 수학자, 자연과학자. 15세 때 라이프치히 대학에서 법률과 철학을, 예나 대학에서 수학을 공부했다. 마인츠 후국의 외교사절로 활동했으며, 루이 14세의 침략으로부터 독일을 지키는 일에 전념하면서도 형이상학을 연구했다. 그 밖에도 수학, 자연과학의 연구에도 많은 관심을 기울였는데 활발한 활동에도 불구하고 말년은 불우했다. 철학에서는 데카르트, 스피노자의 철학을 극복하고, 거기에 젊을 때부터의 '보편학' 의 구상을 체계화한 『형이상학서설』을 비롯하여 『단자론』, 『인간 오성 신론』 등의 저서를 남겼다.

라 메트리 Julien Offroy de La Mettrie, 1709~1751

프랑스의 의학자, 철학자. 로크와 데카르트의 영향을 받은 계몽시대의 대표적 유물론자이다. 상인의 아들로 태어나 처음에는 예수회에서 신학을 배웠으나, 의학으로 뜻을 바꾸고 랭스 의과대학에서 공부했으며, 네덜란드의 레이덴 대학에 유학하여 그곳에서 유물론적 세계관을 형성했다. 유물론적 저서인 『영혼의 자연사』를 출판하면서 종교가들의 추궁과 박해를 받아 레이덴으로 도피하였다. 이곳에서 『인간기계론』을 펴냈다.

러셀 Bertrand Arthur William Russell, 1872~1970

영국의 논리학자, 철학자. 명문 귀족의 아들로 케임브리지 대학교를 졸업하고 한때 동대학 강사로 근무했으나, 제1차 세계대전 중의 반전운동 때문에 대학에서 쫓겨났다. 주로 저술에 주력하였으며, 여러 사회운동을 활발히 했다. 1950년 노벨문학상을 수상했다. 논리학자로서 『수학 원리』를 남겼으며, 철학자로서의 성과는 특히 이론철학에서 두드러진다. 『철학의 제문제』, 『수리철학 서설』, 『서양 철학사』를 펴냈다. 1960년 '100인 위원회'를 구성, 핵무장 반대 연좌농성을 이끌어 네번째 부인과 함께 금고형을 받기도 하였다.

로크 John Locke, 1632~1704

영국의 철학자, 정치사상가. 계몽철학 및 경험론철학의 원조로 일컬어진다. 옥스퍼드 대학에서 철학, 자연과학, 의학 등을 배웠고, 한때 공사(公使)의 비서관이 되어 독일에 체류하던 중 반역죄로 몰려 네덜란드로 망명했다가 후에 귀국하였다. 데카르트 철학과 뉴턴에 의해 완성된 당시의 자연과학에 관심을 가졌고 반(反)스콜라적이었다. 대표작 『인간오성론』을 남겼으며, 그 밖에도 『금리저하와 화폐가치와 화폐가치 앙등의 결과에 관한 고찰』, 『교육론』 등이 있다.

루소 Jean Jacques Rousseau, 1712~1778

프랑스의 사상가, 소설가. 스위스 제네바에서 가난한 시계공의 아들로 태어났다. 불우한 어린 시절을 거친 후, 청년기를 방랑생활로 보냈는데 이 기간에 바랑 남작부인을 만나 집사로 일하면서 공부할 기회를 얻었다. 파리로 나와 디드로 등과 친교를 맺으면서 『백과전서』의 간행에도 협력하였다. 1749년 『학문과 예술론』을 출판하여 사상가로 인정받기 시작했으며 『인간불평등기원론』, 『정치경제론』 등을 썼다. 또 서간체 연애소설 『신(新) 엘로이즈』, 소설형식의 교육론 『에밀』, 자전적 작품인 『고백록』 등이 유명하다.

마르크스 Karl Heinrich Marx, 1818~1883

독일의 공산주의자, 혁명가, 경제학자. 자유롭고 교양있는 유대인 그리스도교 가정에서 태어났다. 본 대학에서 그리스와 로마의 신

화, 미술사 등을 공부한 후, 베를린 대학교에서 법률, 역사, 철학을
공부했다. 헤겔의 철학을 접하면서 무신론적 급진 자유주의자가
되기 시작했다. 급진적 반정부신문인『라인신문』편집장으로도 일
했으며 예니와 결혼 후 파리로 건너가 경제학, 프랑스의 시회주의
를 연구했다.『자본론』을 비롯해 엥겔스와 공동으로 발표한『공산
당 선언』,『철학의 빈곤』,『경제학 비판』 등을 남겼다.

몽테스키외 Baron de La Bréde et de Montesquieu, 1689~1755

프랑스의 사상가. 계몽사상의 대표적인 인물이다. 보르도에서 법
률을 공부한 후, 파리로 나가서 많은 학자들과 사귀었다. 프랑스를
풍자적으로 비판한 서간체 소설『페르시아인의 편지』를 익명으로
출판하였다. 유럽 각국을 여행하면서 각국의 정치, 경제를 관찰한
기록을 바탕으로『로마인의 성쇠원인론』을 펴냈고, 대표적인 저서
『법의 정신』을 완성하였다. 이 책은 금서 목록에 올랐으나 2년 동
안 22판을 펴냈다.

바슐라르 Gaston Bachelard, 1884~1962

프랑스의 과학철학자. 구조주의의 선구자이며 시론(詩論), 이미지
론으로도 유명하다. 디종 대학의 교수를 거쳐 소르본(파리대학)에
초빙되어 과학사, 과학철학을 강의했다. 초기의 대표작『새로운 과
학적 정신』을 비롯해『부정(否定)의 철학』 등의 저서를 남겼다. 그
의 사상적인 영위는 프랑스의 과학사와 과학철학의 현대적인 의미
확립에 기여했으며, 피아제와 알튀세르, 푸코에게 영향을 끼쳤다.

베르그송 Henri Bergson, 1859~1941

프랑스의 철학자. 앙제와 파리의 고등학교 교사를 거쳐, 1900년부

터 콜레주 드 프랑스의 교수가 되었다. 그는 프랑스 유심론(唯心論)의 전통을 계승하면서도 다윈, 스펜서 등의 진화론의 영향을 받아 생명의 창조적 진화를 주장하였는데, 이와 같은 그의 학설은 철학, 문학, 예술 영역에 큰 영향을 주었다. 주요 저서로는 『시간과 자유의지 ―의식의 직접소여에 관한 이론』, 『물질과 기억』, 『창조적 진화』, 『도덕과 종교의 두 원천』 등이 있으며, 1927년 노벨문학상을 받았다.

브루노 Giordano Bruno, 1548~1600

르네상스 사상을 대표하는 이탈리아의 철학자. 나폴리에서 공부한 후 18세에 도미니코 교단에 들어가 사제가 되었지만 고대와 당시의 자연학에 많은 관심을 가지게 되었으며, 점차 가톨릭 교리에 대한 회의를 품게 되었다. 이단(異端)과 살인 혐의로 사제복을 벗고 유럽 각국을 돌아다니며 강의를 하였다. 1592년 베네치아에서 이단신문(異端訊問)에 회부되었으나, 소신을 굽히지 않아 결국 로마에서 화형(火刑)에 처해졌다. 주요 저서로 『원인·원리 및 일자(一者)에 관하여』, 『무한, 우주와 제세계에 관하여』, 『최소자론(最小者論)』 등이 있다.

비트겐슈타인 Ludwig Josef Johann Wittgenstein, 1889~1951

오스트리아 빈 출생의 영국 철학자. 오스트리아 학파에 많은 영향을 끼쳤으며, 점차 인공언어(人工言語)에 의한 철학적 분석방법에 의문을 갖기 시작했다. 1939년 영국 케임브리지 대학 교수로 있으면서 일상언어(日常言語) 분석에서 철학의 의의를 발견하게 되었다. 생전에 발표한 『논리철학론』이 있으며, 『철학적 탐구』 등의 많은 유고가 출판되었다.

사르트르 Jean Paul Sartre, 1905~1980

프랑스의 작가, 사상가. 1933년 베를린으로 유학하여 후설과 하이데거를 연구하였다. 1939년 참전하였다가 이듬해 독일군의 포로가 되었으나, 1941년 수용소를 탈출, 파리에 돌아와서 문필활동을 계속하였다. 시몬 드 보부아르와의 계약결혼으로도 유명한 그는 소설 『구토』, 『자유의 길』 등을 발표했으며 철학논문 『자아의 극복』, 『존재와 무』, 평전 『생 주네』 등을 집필했다. 또 『파리』, 『출구 없음』, 『더러운 손』 등의 많은 극작을 발표하여 호평을 받기도 했다. 1964년 노벨문학상 수상을 거부하였다.

성 아우구스티누스 Aurelius Augustinus, 354~430

초대 그리스도교 교회가 낳은 위대한 철학자, 사상가, 성인(聖人). 아버지는 이교도의 하급관리였고 어머니인 모니카는 열성적인 그리스도교도였다. 카르타고 등지로 유학하여 수사학을 공부하는 등 당시로서는 최고의 교육을 받았다. 한때 마니교로 기울기도 했고 신(新)플라톤주의에서 그리스도교에 이르기까지 정신적 편력을 하였으나 그리스도교로 개종했다. 히포 레기우스의 주교가 되어 그곳에서 바쁜 직무를 수행하는 한편 많은 저작을 발표하였다. 『삼위일체론』, 『신국론』 등을 발표했으며 대표작 『고백록』에 그의 생애가 잘 나타나 있다.

세네카 Lucius Annaeus Seneca, BC 4?~AD 65

이탈리아 고대 로마제정기의 스토아 철학자. 대(大)세네카의 아들이며, 소(小)세네카로 통칭되었다. 어린 네로의 스승과 국가법무관의 소임을 맡았고, 54년 네로가 제위에 오르자 섭정이 되었다. 하지만 네로에게 역모를 의심받자 스스로 혈관을 끊어 자살하였다. 스스로 세속에 물들면서도 끝내 인간이 인간다운 까닭은 올바른 이성 때문이라는 것과 유일의 선(善)인 덕(德)을 목적으로 행동하기 때문이라는 스토아주의를 역설하였다. 주요 작품으로는 친구인 루킬리우스에 대해 스토아 철학을 말한 124통의 『도덕서한』을 비롯해 『섭리에 대하여』, 『노여움에 대하여』, 『인생의 짧음에 대하여』, 『자연학 문제점』 등이 있다.

소크라테스 Socrates, BC 469~BC 399

고대 그리스의 철학자. 자기 자신의 '혼(魂)'을 소중히 여겨야 한다고 역설하였으며, 자기 자신에게 가장 소중한 것이 무엇인가를 물으면서, 거리의 사람들과 철학적 대화를 나누는 것을 일과로 삼았다. 결국 고발을 당해 사형을 선고받았다. 그의 재판 모습과 옥중 및 임종 장면은, 제자 플라톤이 쓴 철학적 희곡(플라톤의 대화편) 『에우티프론』, 『소크라테스의 변명』, 『크리톤』, 『파이돈』 등 여러 작품에 자세히 묘사되어 있다. 죽음 앞에서 무사평정한 모습은 중대사에 직면한 철학자의 진면목을 보여준다. 그는 직접 책을 쓰지 않았고, 그의 제자들이 남긴 글들을 통해 그의 사상을 알 수 있을 뿐이다.

쇼펜하우어 Arthur Schopenhauer, 1788~1860

독일의 철학자로, 염세사상의 대표자로 불린다. 부유한 부모 덕택에 평생 생활에 걱정 없이 지낸 그는 괴팅겐 대학에서 철학과 자연과학을 배우고 슐체의 강의를 들었으며, 예나 대학에서 학위를 받았다. 그의 철학은 칸트의 인식론에서 출발하여 피히테, 셸링, 헤겔 등의 관념론적 철학자를 공격하였으나, 그 근본적 사상이나 체계의 구성은 같은 '독일 관념론'에 속한다. 그의 철학은 만년에 이

르기까지 크게 인정을 받지 못하였으나, 19세기 후반 염세관의 사
조에 영합하여 크게 보급되었다. 주요 저서로『의지와 표상으로서
의 세계』가 있다.

스피노자 Baruch de Spinoza, 1632~1677

네덜란드의 철학자. 포르투갈계 유대인 상인의 아들로 태어났다.
수학, 자연과학을 공부하였고, 데카르트 철학에서 결정적 영향을
받았다. 이 학설에 의거해 성전과 조상의 학문을 비판했기 때문에
유대인들의 비위를 거슬렸던 그는 각지를 전전하면서 고립된 생활
을 계속하였다. 그러면서도 연구에 몰두하여『신(神)·인간 및 인
간의 행복에 관한 짤막한 논문』,『데카르트 철학 원리』를 출판했
고,『윤리학』,『신학 정치론』,『국가론』을 남겼다. 평생 독신으로
살았으며 렌즈를 갈아서 생활비를 조달하였다.

아리스토텔레스 Aristoteles, BC 384~BC 322

고대 그리스의 철학자. 열일곱 살 때 아테네에 진출, 플라톤의 학
원(아카데미아)에서 스승이 죽을 때까지 그곳에 머물렀다. 그후
여러 곳에서 연구와 교수를 거친 후 아테네로 돌아와 학원을 열었
다. 현재 남아 있는 저작의 대부분은 이 시대의 강의 노트이다. 그
의 사상적 특징은 소여(所與)에서 출발하는 경험주의와 궁극적인
근거에까지 거슬러 올라가는 근원성, 지식의 전부분에 걸친 종합
성에 있다. 주요 저서로『오르가논』,『니코마코스 윤리학』이 있다.

아벨라르 Pierre Abélard, 1079~1142

프랑스의 스콜라 철학자, 신학자. 라틴명은 Petrus Abaelardus. 파
리로 나가 기욤으로부터 논리학과 수사학을 공부했으며, 파리 성

당 학교의 교수로 재직하면서 문필과 강연 활동을 했다. 여제자 엘로이즈와의 연애는 너무도 유명한데, 내면의 세계를 그린 『나의 불행한 이야기』는 큰 반향을 불러일으켰다. 저서 『신의 일체성과 위격에 관하여』(삼위일체설)가 분서(焚書) 선고를 받았으며, 자신도 브루타뉴의 생 메다르 수도원에 금고되었다. 그후 엘로이즈와 편지 서신을 주고받으며 영적인 교제를 계속하였다.

안티스테네스 Antisthenes, BC 445?~BC 365

그리스의 철학자. 키니코스 학파의 창시자. 고르기아스에게서 변론술을 배웠고, 후에 소크라테스의 제자가 되었다. 아테네 근교의 퀴노사르게스의 체육장에서 문답을 하였으며, 스토아 학파에 영향을 끼친 것으로 추측된다. 그의 학설의 요점은 세상의 욕심을 떠난 덕(德)만이 최상의 것이며, 쾌락은 기만적인 것이어서 노력의 결과에 의한 쾌락이 아니면 영속적인 것이 아니라는 것이다. 그는 정신적·육체적 단련을 중히 여기고, 소크라테스의 '강함' 을 존중하였다. 그의 제자 중에는 시노페의 디오게네스가 있다.

알랭 Alain, 1868~1951

프랑스의 철학자, 평론가. 본명은 Emile-Auguste Chartier. 고향에서 엄격한 종교적 교육을 받았으나 점차 무신론적 사상으로 기울었다. 리세(고등중학교)에서 철학을 강의하였고, 1차 세계대전 때 병졸로 참전하였다. 새로운 철학 체계를 창시하기를 원하지 않았고 아리스토텔레스, 플라톤, 칸트, 헤겔, 루소, 몽테뉴에 심취하여 그들의 사상을 훌륭하게 파악, 발전시켰다. 그의 저작은 넓은 영역에 걸쳐, 철학자뿐만 아니라 문학자에게도 깊은 영향을 끼쳤다. 주요 저서로 『정신과 정열에 관한 81장』, 『예술론집』, 『행복론』, 『종교론』 등이 있다.

알튀세르 Louis Althusser, 1918~1990

알제리 태생의 프랑스 철학자. 파리의 에콜 노르말(고등사범학교)에서 바슐라르에게 헤겔 철학을 배웠고, 졸업 후 모교에서 철학교사를 지냈다. 1948년 프랑스 공산당원이 되었고, 자신의 이론을 통한 계급투쟁을 실천하여 많은 논의를 불러일으켰다. 제자 발리바르와 함께 발표한 『자본론을 읽는다』에서는 헤겔 사상을 단절하고 마르크스 사상의 구조론적 해석을 제시하였다. 그 외에 『되살아나는 마르크스』, 『레닌과 철학』 등을 남겼다.

콩트 Isidore Auguste Comte, 1798~1857

프랑스의 철학자이자 사회학의 창시자. 파리의 에콜 폴리테크니크 재학 중 교수 배척운동에 가담하여 퇴학당한 후 수학, 물리, 화학, 생물, 정치, 도덕 등에 관심을 두고 공부하였다. 그는 여러 사회적 · 역사적 문제에 관하여, 온갖 추상적 사변(思辨)을 배제하고, 과학적 · 수학적 방법에 의해 설명하려고 하였다. 만년에 클로틸드 보 부인과 사랑에 빠졌으나 2년 후 그녀가 죽고 또 실직하자 친구들의 도움으로 생활하였다. 저서로는 『실증철학 강의』, 『실증정치학 체계』 등이 있다.

칸트 Immanuel Kant, 1724~1804

독일의 철학자. 동(東)프로이센의 수도 쾨니히스베르크(지금의 칼리닌그라드)에서 태어났다. 프랑스 혁명과 동시대의 사람으로 그 이전의 서유럽 근세철학의 전통을 집대성하고 이후의 발전에 새로운 기초를 확립하였다. 루터교 목사가 운영하던 경건주의학교에서 라틴어 교육을 받은 후 고향의 대학에서 공부하고 또 모교의 교수로 일생을 마쳤다. 『순수이성비판』과 제2의 비판서인 『실천이성비판』을 비롯해 『종교론』, 『판단력비판』, 『인간학』, 『자연지리학』 등은 칸트의 폭넓은 실제적 지식의 일단을 엿볼 수 있는 홍미로운 자료이다.

쿠쟁 Victor Cousin, 1792~1867

프랑스의 철학자. 소르본 대학에서 철학사를 강의하였고, 후에 에콜 노르말의 교장이 되었다. 프랑스 한림원 회원이자 국가 고문, 왕실 고문위원과 교육부장관을 역임하기도 했다. 그의 철학은 선인(先人)들이 긍정하는 여러 학설을 상호 모순 없이 종합, 통일하는 것을 지향하는 절충주의이다. 주요 저서로 『근세 철학사』(5권), 『진·미·선에 대하여』 등이 있다.

크라테스 Krates, BC 336~BC 286?

그리스의 키니코스학파 철학자. 디오게네스의 제자이며 스스로 '디오게네스의 시민'이라고 일컬었다. 그는 무명(無名)과 가난을 결코 멸망당하지 않는 조국으로 보고, 그를 숭배하는 여성 철학자 히파르키아와 함께 개처럼 인생을 살았다고 전해진다.

키에르케고르 Søren Aabye Kierkegaard, 1813~1855

덴마크의 철학자. 소년시절부터 아버지에게 그리스도교의 엄한 수련을 받았고, 청년시절에는 코펜하겐 대학에서 신학과 철학을 공부했다. 1837년 당시 14세의 소녀 레기네 올센과 사랑에 빠져 약혼까지 하였으나 결국 파혼했다. 이때 체험한 정신적인 갈등이 훗날 미적 저작의 주제가 되었다. 『이것이냐 저것이냐』, 『반복』, 『철학

적 단편』, 『죽음에 이르는 병』, 『그리스도교의 수련』 등의 많은 저
작을 발표했다. 바르트, 하이데거, 야스퍼스 등의 변증법 신학자와
실존주의자에게 큰 영향을 끼쳤다.

파스칼 Blaise Pascal, 1623~1662

프랑스의 철학자, 수학자, 물리학자. 3세 때 어머니를 여의고 소년
시절에 아버지를 따라 파리로 왔다. 독학으로 유클리드 기하학을
생각하기 시작하여, 16세에 『원뿔곡선 시론(試論)』을 발표하여 당
시 수학자들의 주목을 받았다. 수도원에 들어간 여동생과는 달리
한때 사교계에 빠지기도 했으나 결국 수도원의 객원이 되었다.
『수삼각형론』, 『유체의 평형』, 『대기의 무게』 등 많은 논문과 『죄
인의 회심에 대하여』 등의 소품을 남겼다. '그리스도교의 변증론'
을 집필하기 위해 단편적인 초고를 쓰기 시작했지만 병고로 인해
완성하지 못한 채 39세로 생애를 마쳤다. 사망 후 그의 근친과 포
르 루아얄의 친우들이 그 초고를 정리, 간행하였는데, 이것이 『팡
세』의 초판본이다.

플라톤 Platon, BC 429?~BC 347

고대 그리스의 철학자, 형이상학의 수립자. 명문 출신으로 젊었을
때는 정치에 뜻을 두었으나, 소크라테스의 사형을 본 후 정치에 대
한 미련을 버리고 'philosophia(철학)'를 탐구하기 시작했다. 아테
네의 근교에 학원 아카데메이아를 개설하고 각지에서 청년들을 모
아 연구와 교육생활에 평생을 전념했다. 생전에 30여 편에 이르는
저서를 남겨 현재까지 보존되고 있다. 주요 저서로 『소크라테스의
변명』, 『파이돈』, 『향연』, 『국가론』 등이 있다.

플로티노스 Plotinos, 205~269?

그리스의 철학자, 신비사상가. 암모니오스사카스에게서 배웠으며, 40세에 로마로 가서 많은 친구와 제자를 모아 학교를 개설하였다. 플라톤에 경도당한 그는 자기 철학을 플라톤 철학의 조술(祖述)로 간주하였다. 그러므로 그와 그의 제자들을 당시 사람들은 플라톤주의자라 하였고, 후세 사람들은 그들을 신(新)플라톤주의자라 불렀다. 『엔네아데스』(9편이라는 뜻)를 남겼다.

피론 Pyrrhon, BC 360?~BC 270?

헬레니즘 시대의 그리스 철학자. 그리스 엘리스 출생. 처음에는 화가였으나, 데모크리토스류(流) 사상에 감명을 받고 알렉산드로스 대왕을 따라 인도의 현인들과도 교유하였다. 선상에서 폭풍우를 만나 사람들이 우왕좌왕할 때, 그 배에서 무엇인가를 먹고 있는 새끼돼지를 가리키며, 현자는 이 돼지처럼 마음이 평정하여야 한다고 가르쳤다고 전해진다. 저서가 없어 그 자신의 설은 명확히 전해지지 않지만, 그의 제자들의 저술을 보면 분명한 회의론을 볼 수 있다. 회의론을 의미하는 '피로니즘(Pyrrhonism)'은 그의 이름에서 유래한다.

피타고라스 Pythagoras, BC 582?~BC 497?

그리스의 철학자, 수학자, 종교가. 남이탈리아의 그리스 식민지 크로톤에서 비밀교단을 결성한 후 메타폰티온으로 이주하여 그곳에서 생애를 마쳤다. 당시의 밀의종교(密儀宗敎)의 형식에 따라 절제, 질박(質朴), 심신의 단련을 목표로 하고, 신들과 양친, 친구, 계율에 대하여 절대적 신실(信實)과 자제, 복종을 설파하였다. 또 수학자로서 그는 만물의 근원을 '수(數)'로 보았다. 저서를 남기지 않았지만 그가 수학에 기여한 공적은 매우 크며, 그의 영향은 플라톤, 유클리드를 거쳐 근대에까지 미치고 있다.

피히테 Johann Gottlieb Fichte, 1762~1814

독일의 철학자, 독일 관념론의 대표자 중 한 사람. 가난한 집의 아들로 태어나 예나 대학 신학과에 입학했고, 라이프치히 대학교로 옮겨 공부했다. 쾨니히스베르크의 칸트를 찾아 그의 주선으로 『모든 계시의 비판시도』를 익명으로 출판하였다. 처음에 칸트의 저서로 알려졌으나 칸트 자신의 정정과 천거에 의해 피히테의 명성이 널리 알려졌다. 예나 대학 교수가 되었지만 무신론 논쟁에 휘말려 퇴직했다. 정치에도 많은 관심을 기울여, 나폴레옹전쟁에서 패한 프로이센의 위기에 처하여 행한 「독일 국민에게 고함」이란 강연은 유명하다. 종군간호사가 된 부인에게서 발진티푸스에 감염되어 죽었다.

하이데거 Martin Heidegger, 1889~1976

독일의 철학자. 20세기 독일의 실존철학을 대표한다. 프라이부르크 대학에서 후설에게 현상학을 배웠다. 마르부르크 대학 교수, 프라이부르크 대학 교수와 총장을 지냈지만 2차 세계대전 중에 나치에 협력했다는 이유로 전후에 한때 추방되었다가 후에 다시 복직했다. 그를 일약 유명하게 만든 『존재와 시간』을 비롯해 『칸트와 형이상학의 문제』, 『형이상학이란 무엇인가』, 『휴머니즘에 관하여』, 『숲 속의 길』, 『니체』 등의 저서를 남겼다.

헤겔 Georg Wilhelm Friedrich Hegel, 1770~1831

독일의 철학자. 칸트 철학을 계승한 독일 관념론의 대성자이다. 튀빙겐 대학 신학과에서 공부한 후 가정교사를 거쳐 예나 대학 강사

가 되었다. 나폴레옹군의 침공으로 예나 대학이 폐쇄되자 밤베르
크로 가서 신문 편집에 종사했고, 이어 뉘른베르크의 김나지움 교
장이 되었다. 그후 하이델베르크 대학과 베를린 대학 교수로 재직
하였다. 베를린 시절은 헤겔의 가장 화려한 시절로서 유력한 헤겔
학파가 형성되었으며, 그의 철학은 국내외에 널리 전파되었다.
1831년 콜레라에 걸려 사망하였다. 주요 저서로『정신현상학』,
『논리학』,『법철학 강요』를 남겼다.

헤라클레이토스 Herakleitos, BC 540?~BC 480?

그리스의 철학자. 에페소스 왕가 출신이지만 고매한 지조를 지녀
당시의 에페소스 시민들은 물론 호메로스나 피타고라스 등 시인과
철학자들까지도 통렬하게 비방하였다. 그는 "만물은 유전한다"고
말했는데 그것은, 우주에는 서로 상반하는 것의 다툼이 있고, 만물
은 이와 같은 다툼에서 생겨나는 것이라는 뜻이었다. 그는 자신의
사상을 잠언풍의 문체로 기술하였는데, 너무 난해하여 '스코티노
스(어두운 사람)' 라는 별명이 붙었다.

홉스 Thomas Hobbes, 1588~1679

영국의 철학자. 무명의 목사 아들로 태어나 옥스퍼드 대학에서 스
콜라철학을 공부했다. 스튜어트 왕조를 지지하는 정치가로 지목되
자 프랑스로 망명하였다. 그후 크롬웰의 정권하에서는 런던으로
돌아와 오직 학문 연구에 힘썼다. 베이컨과는 달리 귀납법만이 아
닌 연역법도 중시하여, 양자의 상즉적(相卽的) 관계에 의하여 이성
(理性)의 올바른 추리인 철학이 성립된다고 생각하였다. 주요 저서
로『철학원리』,『리바이어던』,『자연법과 국가의 원리』등이 있다.

인명 · 용어

작품명